Dörte Junge

Basilikum & Turnschuh

Zeitgemäße Ernährung

Bircher-Benner Verlag

Titelentwurf: M. Schäfer/Neu-Isenburg
Titelzeichnung: Andrea Zwicker-Boos, Hemau
Illustration: Peter Utecht
Druck/Herstellung: Druckhaus Beltz, Hemsbach
Printed in Germany · ISBN 3-87053-111-8
gedruckt auf RecyMago matt aus 100% Altpapier

Die Ratschläge in diesem Buch sind von den Autoren und vom Verlag
sorgfältig erwogen und geprüft, dennoch kann eine Garantie
nicht übernommen werden. Eine Haftung der Autoren bzw. des Verlages für
Personen-, Sach- und Vermögensschäden ist ausgeschlossen.

Das Buch

Dieses Buch enthält viele leckere und gesunde Rezepte, die schnell und einfach zuzubereiten sind. Sie reichen von Salaten, vegetarischen Hauptgerichten über Brötchen und Broten bis hin zu Kuchen, Keksen, Waffeln und festlichem Gebäck.

Alle Rezepte wurden von der Autorin für eine vollwertige und zeitgemäße Ernährung zusammengestellt und in zahlreichen Koch- und Backkursen erprobt. Darüber hinaus werden aktuelle Ernährungsthemen angeprochen und sportliche Tips gegeben.

Die Autorin

Die Autorin, Dörte Junge, wurde 1966 in Kellinghusen (Schleswig-Holstein) geboren. Bereits sehr jung begeisterte sie sich für das Fertigen von Weihnachtsgebäck und anderen Leckereien.

Während eines Praktikums in der Rheumaklinik Bad Bramstedt gewann sie Einblick in das Tätigkeitsfeld der Diätassistentin und beschloß begeistert, diesen Beruf zu ergreifen. 1986 schloß sie ihre Ausbildung zur Diätassistentin an der Diätschule Kiel ab und arbeitete dann in verschiedenen Krankenhäusern und Altenheimen. Seit 1989 ist sie an der Rehabilitationsfachklinik in Aukrug tätig.

1993 schloß sie die Weiterbildung zur Diätküchenleiterin mit besonderer Qualifikation für Ernährungs- und Diätberatung ab.

Ihr umfangreiches Wissen über eine vollwertige Ernährung vermittelt Dörte Junge vielen Menschen in Einzel- und Gruppenberatungen und in praktischen Koch- und Backkursen. Aufgrund des regen Interesses veröffentlicht sie nun eine Auwahl von Rezepten, die sie in ihrer beruflichen Praxis zusammengetragen hat.

Wir wünschen Ihnen viel Spaß beim Studieren des Buches - besonders beim Ausprobieren der vielen leckeren, gesunden Rezepte.

Ein Dankeschön an alle, die zum Gelingen dieses Buches beigetragen haben, ganz besonders an

die Lehrkräfte der Diätschule, die für meine gute Ausbildung gesorgt haben und mir immer ein persönliches Vorbild waren;

meine Kolleginnen und Kollegen, die zu fachlichen Diskussionen stets bereit waren und mir viele Tips und Anregungen geliefert haben;

alle Verwandten, Freunde und Patienten, die mir ihr Lieblingsrezept überlassen haben, um es für meine Arbeit weiter zu verwenden.

Dörte Junge

Inhalt

Vorwort

Das Interesse an einer gesunden Ernährung wächst in breiten Kreisen unserer Bevölkerung. Sinnvolle Änderungen im Ernährungsverhalten verringern erheblich die Sterblichkeit an Herz-Kreislauferkrankungen.

Die Ernährungswissenschaft bemüht sich heute, im Alltag des Patienten umsetzbare Standards und Empfehlungen zu formulieren. Dabei werden jahrelange Erfahrungen aus Praxis und Beratung genutzt, die auf dem mühsamen und zum Teil unbequemen Weg der Ernährungsumstellung und der Förderung gesundheitsbewußter Ernährung gesammelt wurden.

Aus der Sportmedizin genommene Erkenntnisse in der Ernährung des Leistungssportlers werden zunehmend zur Verbesserung der Leistungsfähigkeit auch des Normalbürgers genutzt.
Das vorliegende Buch soll eine kurze Information zu den wesentlichen Säulen der modernen Ernährung geben, aber im wesentlichen beschreibt es vielfach erprobte, lecker schmeckende Rezepte, die ohne großen zusätzlichen Aufwand herstellbar sind und dennoch eine gesundheitsbewußte Alternative zu herkömmlichen Gerichten darstellen.

(Dr. med. Hans-Joachim Lepthin)
Chefarzt

Anmerkung zum Titel

„Basilikum und Turnschuh" - diese Schlagworte stehen für die enge Verbindung zwischen bewußter Ernährung und sportlicher Betätigung hinsichtlich eines gesunden Lebenstils. Dabei sollen Spaß, Genuß und Abwechslung im Vordergrund stehen, genauso wie Stabilität und Wohlbefinden. Ein Beweis dafür sind die vielen, hervorragenden Rezepte von Frau Junge. Eine simple Faustregel ist, wer sich körperlich mehr bewegt, darf auch mehr essen. Klar, er verbraucht ja auch mehr Kalorien, aber er sollte auch das Richtige essen und möglichst auf eine ausgewogene Ernährung achten.

Genauso verhält es sich mit der körperlichen Bewegung. Es gibt da auf der einen Seite die tägliche Alltags- und Arbeitsbewegung und auf der anderen Seite die sportliche Bewegung. Bereits vor 3000 Jahren wurde von Philosophen in China erkannt, daß Gymnastik und Bewegung gut für unsere Gesundheit sind. „Gesundheit ist nicht nur als Freisein von Krankheiten zu verstehen, sondern als körperliches, seelisches und soziales Wohlbefinden" (Weltgesundheitsorganisation).

Die Regelmäßigkeit der Bewegung spielt dabei eine große Rolle. Sie haben keinen Nutzen, wenn Sie ab und zu mal ein bißchen Gymnastik machen, zum Bäcker um die Ecke zu Fuß gehen oder statt des Fahrstuhls die Treppe benutzen. Es soll aber auch kein Leistungssport sein, der Ihnen ein „mörderisches" Pensum auferlegt und keinen Spaß macht. Suchen Sie sich eine sportliche Betätigung, die möglichst Ausdauer, Elastizität, Rhythmus und Harmonie besitzt und die Ihnen vor allem Spaß macht.

Zu empfehlen sind:

- Laufen
- Radfahren
- Schwimmen

- Skilanglauf
- Wandern (Spazierengehen reicht nicht aus)
- Gymnastik und Fitneßtraining in Reha-Zentren.

Ein ganz besonderer Vorteil dieser Sportarten ist, daß sie bis auf die zuletzt genannte an der frischen Luft betrieben werden und somit auch zu den Natursportarten zählen. Ich habe mit Absicht außer Radfahren keine anderen „sitzenden" Ausdauersportarten wie Kanufahren oder Rudern aufgeführt, weil ich der Meinung bin, daß man in unserer heutigen Leistungsgesellschaft zu oft gezwungen ist, sitzende Tätigkeiten auszuüben. Falsche Sitz- und Arbeitshaltungen verstärken die Verspannungen des Muskel- und Bandapparates. Der technische Fortschritt (z.B. Telefon, Fernseher, Computer) ist in diesem Sinne ein gesundheitlicher Rückschritt. Was können die empfohlenen sportlichen Betätigungen für Ihren Körper bewirken?

- Verbesserung der allgemeinen, dynamischen aeroben Ausdauer und der gesamtmotorischen Koordination
- Stärkung der Muskeln, Gelenke und der Wirbelsäule
- Vorbeugung von Erkrankungen des Bewegungsapparates
- Stärkung des Herz-Kreislauf-Systems
- Senkung des Infarktrisikos durch Senkung der Blutfett- und Blutzuckerwerte, Bluthochdruck und Übergewicht
- Verminderung nervöser Spannungen, Schlafstörungen und Verspannungen der Muskulatur
- Steigerung Ihrer privaten und beruflichen Fähigkeiten durch mehr Selbstvertrauen und besseren Streßabbau
- Erhöhung der körperlichen und seelischen Belastbarkeit durch mehr Leistungskraft und bessere emotionale Ausgeglichenheit
- Knüpfung von sozialen Kontakten.

Oft höre ich von meinen Patienten, daß sie sich bei der Arbeit genug körperlich betätigen, oder es wird berichtet, daß sie täglich im Haus treppauf und treppab rennen und dabei ordentlich ins Schwitzen kommen. Nicht jede körperliche Anstrengung ist Sport und gesundheitlich wertvoll. Viele glauben dennoch, daß bei schwitzender körperlicher Arbeit Sport überflüssig ist. In China und Japan ist es schon zur Tradition geworden, für Arbeiter und Angestellte Gymnastikpausen während der Arbeit durchführen, und zwar mit großem Erfolg. Aber wer möchte bei uns schon gerne auf seine Frühstücks- oder Kaffeepause verzichten? Für die Vorbeugung von Bewegungsmangelkrankheiten hat sich vor allem das aerobe Ausdauertraining als wirksam erwiesen. Es verbessert die Herz-Kreislauf-Funktionen, regt den Stoffwechsel an, beeinflußt das vegetative Nervensystem positiv und erhöht damit das allgemeine Wohlbefinden.

Aerobe Ausdauer:
Die Energieleistung des Muskels erfolgt durch Sauerstoffverbrauch. Das bedeutet, eine sportliche Bewegung ist dann aerob, wenn sich Sauerstoffaufnahme und Sauerstoffverbrauch die Waage halten, z.B. beim Dauerlauf.

Auch wenn Sie einige von den vorher erwähnten Sportarten nicht können, macht das gar nichts. Man kann fast alles lernen und es ist nie zu spät anzufangen. Zum Beispiel war meine älteste Schwimmschülerin bis jetzt 80! Jahre alt! Schwimmen ist ein so gelenkschonender Sport, vor allem das Rückenschwimmen.

Eine Ausdauersportart sollte mindestens fünf Minuten ununterbrochen durchgeführt und mit mindestens 50% der maximalen Kreislauf-Leistungsfähigkeit ausgeübt werden. Wenn Sie vorher noch nie Sport getrieben haben oder es ist über 20-30 Jahren her, würde ich Ihnen empfehlen, in organisierten Lauftreffs, Vereinen oder Reha-Zentren anzufangen, weil Sie dort mit einer Fachkraft über Ihr individuelles Trainingsprogramm beraten und trainieren können.

Ansonsten gelten folgende Faustregeln:
1. Lieber weniger - dafür öfter und regelmäßig!
   (nicht einmal pro Woche eine Stunde, besser 3x wöchentlich 20-30 Minuten oder täglich mindestens 10 Minuten).
2. 5-10 Minuten Erwärmung durch lockere Gymnastik und Dehnen vor dem Training.

3. Legen Sie Wert auf eine fließende und gleichmäßige Atmung.
4. Tragen Sie beim Sport atmungsaktive und bequeme Oberbekleidung, in der Sie genug Bewegungsfreiheit haben. Die Schuhe sollten ein gutes Fußbett und eine stoßdämpfenden Sohle haben.
5. Führen Sie das Training nie unter Schmerzen oder während eines Infektes durch.
6. Es ist wichtig, daß Sie sinnvoll trainieren. Gelenke, Sehnen und Bänder benötigen einige Zeit, um sich dem Training anzupassen. Verlängern Sie aus diesem Grunde die Trainingszeit nur ganz allmählich von Woche zu Woche. Ihr gewählter Freizeitsport soll keine Qual sein.
7. Pauschal gilt für untrainierte Personen über 35 als empfohlene Belastungsintensität eine Pulsfrequenz von 180 minus Lebensalter in Jahren.

In diesem Sinne wünsche ich Ihnen bei Ihrer sportlichen Betätigung viel Erfolg und vor allem viel Durchhaltekraft.

Julia Engelmann
Sportlehrerin in der Fachklinik Aukrug

Aktuelles zum Thema Ernährung

Im Berufsalltag werden mir viele Fragen zur Ernährung gestellt.
Die häufigsten möchte ich hier in einer kurzen Zusammenfassung
beantworten.

Normalgewicht

Die am häufigsten benutzte Möglichkeit, das Normalgewicht zu be-
rechnen, ist die Broca-Formel:

Körpergröße (cm) - 100 = Normalgewicht
Beispiel: **170 cm - 100 = 70 kg Normalgewicht**

Bei sehr großen oder sehr kleinen Menschen ist diese Formel ungenau.
Eine genauere Methode, um das Normalgewicht zu definieren, ist der
Body-Mass-Index (BMI):

$$\textbf{BMI} = \textbf{kg} : \textbf{Größe}^2 \textbf{ (Meter)}$$

Beispiel:
$$\frac{\textbf{Körpergewicht in kg}}{\textbf{Körpergröße in m}^2} = \frac{70}{(1{,}7 \times 1{,}7)} = 24$$

BMI-Beträge im Bereich von 20-25 liegen im Bereich des Normalge-
wichtes. Je größer der BMI-Betrag, desto größer ist das Übergewicht.

Abnehmen

Besonders wichtig ist die dauerhafte Umstellung der Ernährungs-
gewohnheiten, damit das Gewicht auch dauerhaft gesenkt wird.

- Die beste Möglichkeit ist eine energiereduzierte Vollwertkost,
  die vorrangig das Fett einschränkt.
- Während des Abnehmens sollten täglich 1000-1500 kcal
  aufgenommen werden.
- Drastische Reduktionen der täglichen Kalorienmenge
  (weniger als 1000 kcal) müssen unbedingt
  unter ärztlicher Aufsicht erfolgen.

- Ballaststoffanteil sollten erhöht werden, um langanhaltende Sättigung zu erreichen.
- Über den Tag verteilt sollten 5 bis 6 kleine Mahlzeiten gegessen werden, um den Körper gleichmäßig mit Energie und Nährstoffen zu versorgen.
- Zuckerkonsum sollte eingeschränkt werden.
- Alkoholgenuß muß so weit wie möglich eingeschränkt werden.
- Es sollten nur energiefreie Getränke getrunken werden.

Light-Produkte

Hierbei handelt es sich um kalorienreduzierte Produkte, bei denen z.B. Zucker durch Süßstoff oder Vollmilch durch Magermilch ersetzt wurde.

Viele Verbraucher lassen sich täuschen! Oft wird angenommen, angesichts eines so geringen Kaloriengehalts könne man unbedenklich die doppelte oder dreifache Menge essen. Doch Vorsicht, dann summiert sich der Kaloriengehalt. Außerdem sind Light-Produkte teuer. Es ist preiswerter, einen Magerjoghurt natur, einen fettarmen Käse oder Buttermilch zu kaufen. Übrigens - die besten Light-Produkte liefert uns die Natur: Frisches Obst und Gemüse!

Vollkornmehl

Bei einem Vollkornmehl wird das gesamte Getreidekorn vermahlen - Keimling und Schale. Deshalb ist dieses Mehl dunkler, als wenn nur der Mehlkörper zu Mehl verarbeitet wird.

Vollkornmehl enthält viele lebensnotwendige Vitamine und Mineralien. Es ist reich an Ballaststoffen und sorgt so für eine langanhaltende Sättigung.

Weizenvollkornmehl hat die Typen-Zahl 1700. Je höher die Typen-Zahl einer Mehlsorte, desto größer ist ihr Gehalt an Vitaminen, Mineralien und Ballaststoffen.

Wasser

Wasser ist für den Stoffwechsel lebensnotwendig. Ohne feste Nahrung kann der Mensch bis zu 60 Tage überleben, ohne Wasser jedoch nur 4 bis 5 Tage.

Mindestens 1,5 *l* Trinkflüssigkeit (damit ist alles gemeint, was getrunken wird, nicht darin enthalten ist der Wassergehalt in den Nahrungsmitteln) benötigen wir pro Tag. Kalorienfreie Getränke - etwa Mineralwasser, Tee und Kaffee - sollten bevorzugt werden.

Einige Außenseiterdiäten empfehlen destilliertes Wasser. Diese Empfehlung ist wissenschaftlich nicht haltbar, denn die in unserem Trinkwasser enthaltenen Mineralstoffe sind wichtig für die unterschiedlichen physiologischen Prozesse im Körper.

Kohlenhydrate

Kohlenhydrate sind entweder Einfachzucker oder aus Einfachzuckern aufgebaute Verbindungen, sogenannte Zweifach- bzw. Vielfachzucker.

<u>Einfachzucker</u> sind z.B. Traubenzucker und Fruchtzucker.

<u>Zweifachzucker</u> sind z.B. Haushaltszucker (aus Zuckerrübe oder aus dem Zuckerrohr) und Milchzucker (in Milch und Milchprodukten).

Vielfachzucker sind z.B. als Stärke in Getreideprodukte, Kartoffeln und Hülsenfrüchten enthalten.

Einfach- und Zweifachzucker werden vom Körper sehr schnell ins Blut aufgenommen. Sie liefern uns nur „leere" Kalorien, jedoch keine lebensnotwendigen Inhaltsstoffe (Vitamine, Mineralstoffe, Ballaststoffe. Vielfachzucker hingegen beinhalten große Mengen an Vitaminen, Mineralstoffen und Ballaststoffen. Deshalb ist es sinnvoll, aus Vielfachzuckern bestehende Kohlenhydrate in der Ernährung zu bevorzugen. Einfach- und Zweifachzucker hingegen sollten möglichst selten und nur in kleiner Menge genossen werden.

Ballaststoffe

Ballaststoffe sind Bestandteile pflanzlicher Nahrung, die vom Körper nicht verwertet werden aber trotzdem wichtige Funktionen im Körper erfüllen. Sie

- sorgen für eine geregelte Verdauung.
- sättigen für lange Zeit und beugen damit Übergewicht vor.
- tragen zur Gesunderhaltung der Zähne bei - durch die erforderliche Kautätigkeit.
- bewirken eine schnellere Ausscheidung von Schadstoffen.
- helfen den Cholesterinspiegel zu senken - besonders die wasserlöslichen Ballaststoffe in Äpfeln und Haferkleie.

Darmträgheit

Die tägliche Nahrung sollte mindestens 30g Ballaststoffe aufweisen. Sie sind hauptsächlich in Vollkornbrot, Obst, Gemüse, Kartoffeln, Hülsenfrüchten, Müslis und Rohkost enthalten.

1 Scheibe Vollkornbrot (45 g)	=	3 g Ballaststoffe
1 Apfel (150 g)	=	3 g Ballaststoffe
1 Portion grüne Bohnen (200 g)	=	6 g Ballaststoffe
1 Portion Kartoffeln (200 g)	=	4 g Ballaststoffe

Da die Ballaststoffe Flüssigkeit zum Quellen brauchen, muß auf eine ausreichende Trinkmenge (mindestens 1 $1/2$ l) geachtet werden.

Fett

Fett macht fett! Von allen Nährstoffen hat Fett die meisten Kalorien:

1 g	Eiweiß	=	4 kcal
1 g	Fett	=	9 kcal
1 g	Kohlenhydrate	=	4 kcal
1 g	Alkohol	=	7 kcal

Nicht nur Übergewicht, sondern auch Herz-Kreislauferkrankungen und bestimmte Krebsleiden werden durch übermäßigen Fettkonsum begünstigt. Bei Normalgewicht und leichter körperlicher Tätigkeit benötigen wir 60 - 80 g Fett täglich. Da Fett in sehr vielen Lebensmitteln versteckt ist, werden jedoch im Durchschnitt 130 - 150 g aufgenommen.

Tips zur Fetteinsparung

- Fettarme Käsesorten auswählen.
- Käse dünn schneiden
  (statt dessen darf die Brotscheibe etwas dicker sein).
- Mit Streichfett sparsam umgehen.
- Fettarme Zubereitungsarten bevorzugen:
  dämpfen, dünsten, kochen, grillen;
  im Römertopf, im Schnellkochtopf, im Bratenschlauch,
  in Pergamentpapier garen.
- Gemüse immer ohne Fettzugabe essen.
- Kartoffeln hauptsächlich gedämpft oder als Pellkartoffeln essen.
- Soßen fettarm herstellen.
- Kuchen und Kekse nicht täglich essen.
- Eine Gemüserohkost zum Abend essen.
- Als Spätmahlzeit vor dem Fernseher ist
  frisches Obst besonders geeignet!

Butter oder Pflanzenmargarine?

Pflanzenmargarine sollte bevorzugt werden. Doch hier ist die Qualität entscheidend. Es sollte eine Margarinesorte gewählt werden, die reich an mehrfach ungesättigten Fettsäuren und nicht gehärtet ist.
Gute Margarinesorten geben den Gehalt auf der Verpackung an:
Die hochwertigsten Margarinesorten weisen 50 - 60 % mehrfach ungesättigte Fettsäuren auf. Pflanzenmargarine ist cholesterinfrei. Butter hingegen enthält Cholesterin. Bei einem Cholesterinspiegel über 200 sollte deshalb auf Butter verzichtet werden.

Cholesterin

Der Körper benötigt zum Aufbau von Hormonen und Gallensäure Cholesterin. Allerdings ist es nicht erforderlich, Cholesterin über die Nahrung aufzunehmen, da der Körper es selbst bildet.
Steigt der im Blut gemessene Cholesterinspiegel über 200 *mg*/100 *ml,* so gilt dies als Risikofaktor für Arteriosklerose und Herzinfarkt.

Hierbei ist jedoch eine Unterscheidung des HDL- und des LDL -Cholesterins von großer Bedeutung. Während der LDL-Cholesterinwert weniger als 135 *mg*/100 *ml* Blut betragen sollte, soll der HDL-Cholesterinwert mehr als 35 *mg*/100 *ml* Blut aufweisen - je höher, desto besser, denn er übt eine Schutzfuntion vor Herzinfarkt aus.

Tierische Fette - z.B. in Fleisch, Käse, Butter, Sahne und Eiern enthalten - liefern Cholesterin.
Zur Senkung des Cholesterinspiegels sollten täglich weniger als 300 *mg* Cholesterin aufgenommen werden. Deshalb sollten tierische Produkte fettarm ausgewählt werden. Der Anteil pflanzlicher Nahrung - Obst, Gemüse, Brot, Kartoffeln und Getreide - sollte erhöht werden. Öl- und Margarinesorten mit einem hohen Anteil an mehrfach ungesättigten Fettsäuren sollten bevorzugt werden.

Salz

Im Rezeptteil wird Ihnen auffallen, daß - außer bei den Brot- und Brötchenrezepten - niemals Salz angegeben ist. Die meisten von uns essen ein Vielfaches der tatsächlich benötigten Menge.

6 *g* Salz täglich reichen aus, jedoch 15 *g* werden durchschnittlich pro Tag gegessen. Übermäßiger Salzkonsum führt zu Wassereinlagerungen im Körper und fördert den Bluthochdruck. Bei Durchfall, Erbrechen und extremen Schwitzen hingegen ist eine größere Salzmenge aufzunehmen.

Geschmacklich ist Salz eine Gewohnheitssache. Sind wir an viel Salz gewöhnt, kommt uns ein ungesalzenes Essen als fade vor. Sind wir an wenig Salz gewöhnt, schmeckt uns das Essen auch ohne Salz. Bei salzarmer Ernährung wird das Geschmacksempfinden für die einzelnen Lebensmittel intensiver.

Kräuter und Gewürze sind ein guter Ersatz für Salz. Sie können, falls gewünscht, auch für ein sehr scharfes Essen sorgen. Der ausgewogene Umgang mit Kräutern und Gewürzen bedarf einiger Übung - einige sind sehr intensiv, andere hingegen milde.

Jodsalz

Jod ist wichtig zur Gesunderhaltung der Schilddrüse. Um ausreichend Jod aufzunehmen, müssen wir zweimal wöchentlich Seefisch essen.

Es wäre gut, wenn alle Lebensmittelhersteller Jodsalz verwenden würden, denn dann hätten wir mit den Grundnahrungsmitteln Brot, Wurst und Käse den Jodbedarf gedeckt.

Im Haushalt reichlich Jodsalz zu verwenden ist allerdings nicht empfehlenswert - wir würden unsere ohnehin zu große Salzaufnahme dadurch noch vergrößern. Das verwendete Salz sollte auf jeden Fall Jodsalz sein.

Haushaltszucker

Können wir ohne Zucker leben? Der Körper braucht ihn nicht, da er uns keine lebensnotwendigen Inhaltstoffe liefert, stattdessen aber viele Kalorien!
Außer in Bonbons, Schokolade, Eis und Kuchen ist Zucker auch Bestandteil von Fruchtjoghurts, fertigen Müslimischungen, Ketchup und einigen Sauerkonserven, z.B. Rote Bete.
Aus der Zutatenliste ist ersichtlich, ob Zucker enthalten ist, doch Vorsicht - manchmal wird anstelle von Zucker Glukosesirup verwendet. Er ist nicht wertvoller als Zucker.

Vollzucker

Er wird aus der Zuckerrübe schonend hergestellt, so daß einige Vitamine, Mineralstoffe und Spurenelemente erhalten bleiben. Er kann wie herkömmlicher Zucker verwendet werden. Geschmacklich zeichnet er sich durch sein feines Aroma aus.

Brauner Zucker

Der braune Zucker ist dem weißen Zucker gleichzusetzen. Seine braune Farbe rührt daher, daß er eine Bleichung weniger durchlaufen hat oder dadurch, daß er zu braunem Zucker karamelisiert wurde.

Honig

Honig enthält wenige Vitamine und Mineralstoffe und fast genau so viele Kalorien wie Zucker. Er ist für die Zähne sogar noch schädlicher, da er klebrige Konsistenz hat.

Süßstoffe - Zuckerersatzstoffe

Die am meisten verwendeten Süßstoffe sind eine Mischung aus Saccharin und Cyclamat. Sie sind kohlenhydratfrei und somit auch kalorienfrei. Die Süßkraft ist wesentlich größer als die von Zucker, deshalb werden nur kleine Mengen benötigt, um eine Speise oder ein Getränk zu süßen.

Bei Überdosierung entsteht ein metallisch-bitterer Geschmack.

Zum Backen sind Süßstoffe nicht geeignet, da die Füllmasse fehlt.

Viele Verbraucher lehnen die Süßstoffe trotz Kalorienfreiheit und Zahnschonung ab, da sie deren gesundheitliche Unbedenklichkeit anzweifeln. Nach dem heutigen Stand der Wissenschaft sind die üblicherweise verwendeten Mengen unbedenklich.

Zuckeraustauschstoffe

Sie sind in vielen Diabetiker-Produkten enthalten und liefern fast genauso viele Kalorien wie Zucker. Sie sind teurer als Zucker und führen häufig zu Durchfällen, wenn zu viele Speisen damit gesüßt werden. Sie sind zum Backen von Diabetiker-Kuchen geeignet.

Eiweiß

Der Körper benötigt Eiweiß zum Aufbau von Zellen und Muskeln, als Bestandteil des Blutes, einiger Enzyme und Hormone.

Da Eiweiß vom Körper benötigt, aber nicht selbst hergestellt werden kann, muß es regelmäßig zugeführt werden. Die benötigte Menge für einen Erwachsenen beträgt 0,8 g pro kg Körpergewicht, das sind ca. 60g täglich.

Kinder, Jugendliche, Schwangere und Stillende haben einen erhöhten Bedarf, er liegt bei 1,2 bis 1,5 g pro kg Körpergewicht. Die in unserer Bevölkerung tatsächlich aufgenommene Menge liegt über dem Bedarf. Selbst bei strikter Reduzierung der Fleischaufnahme brauchen wir keinen Eiweißmangel zu befürchten.

Milch und Milchprodukte, Eier, Soja, Hülsenfrüchte, Getreideprodukte, Kartoffeln und Nüsse liefern Eiweiß. Durch Kombinationen einiger Eiweiße innerhalb einer Mahlzeit wird die Ausnutzung für den Körper noch verstärkt. Das beste Beispiel hierfür ist die Kartoffel-Ei-Kombination, für die es endlos viele Rezepte gibt, z. B.:

Kartoffelauflauf, Kartoffelbrei mit Rührei, Eier mit Kartoffeln und Senfsoße, Kartoffelsalat mit Ei, Bauernfrühstück, Kartoffelpuffer mit Apfelmus, Bechamelkartoffeln mit Spiegelei ...:

Erhöhter Harnsäurespiegel - Gicht

Ein dauerhaft erhöhter Harnsäurespiegel kann zu Harnsäuresteinen oder zur Gicht führen. Die Gicht ist eine schmerzhafte Gelenkerkrankung, bei der sich die Harnsäurekristalle in den Gelenken absetzen, Ablage-rungen in den Blutgefässen entstehen oder Harnsäuresteine sich in den Nieren ablagern. Durch eine Diät verschwinden die Symptome.

Deshalb:

- Reichlich trinken, um die Harnsäure in Lösung zu halten, mindestens 2 *l* täglich (keinen Alkohol!).
- Wenig Fleisch und Wurst, Fisch, Hülsenfrüchte, Zucker, Honig, Erbsen, gekörnte Brühe.
- bei Übergewicht sollte eine Reduktionskost eingehalten werden.

Empfohlene Lebensmittel:
Vollkornbrot, Kartoffeln, Obst, Gemüse, Rohkost.

Salate

Alle Salatrezepte sind für 1-2 Portionen berechnet.

Salat - als figurschonende Vitaminbombe am besten aus rohem Gemüse zubereiten! Keine andere Mahlzeit enthält solch eine geballte Menge wertvoller Vitamine, Mineralstoffe und Spurenelemente. Außerdem vertreiben die darin enthaltenen Ballaststoffe Hungergefühle für lange Zeit und sorgen für eine geregelte Verdauung.

Für Salate wichtig:

- Frische Zutaten auswählen,
  denn durch lange Lagerung gehen Inhaltsstoffe verloren.
- Die Salatsoße sollte fettarm sein,
  damit die Figur tatsächlich geschont bleibt.
- Zutaten nicht zu klein raspeln oder schneiden,
  denn je stärker die Zerkleinerung, desto mehr
  Vitamine und Mineralstoffe gehen verloren.

Ich möchte Ihnen empfehlen, täglich einen Salat zu essen. Bei der Herstellung sind Ihrer Phantasie keine Grenzen gesetzt. Jedes Salatrezept ist nur eine Anregung. Individuelle Abwandlungen, geprägt durch persönliche Vorlieben oder das saisonale Angebot (aus Ihrem Garten!), machen einen Salat zu „dem" Salat.

Fenchelsalat

½	Fenchelknolle	*Das feine Kraut abschneiden und fein hacken. Die Knolle waschen, vom Strunk befreien und in feine Streifen schneiden.*
½	Becher Magerjoghurt Süßstoff, Zitronensaft	*Verrühren, abschmecken.*
50 g	Pfirsichwürfel ohne Zucker	*Mit den restlichen Zutaten vermischen.*

Möhren-Kohlrabi-Rohkost

150 g	Möhren	*Waschen, putzen, grob raspeln.*
150 g	Kohlrabi	
1 EL	Wasser	*Verrühren, abschmecken und mit der Rohkost vermischen.*
1 EL	Vitaquell Haselnuss-Öl Zitronensaft, Süßstoff	

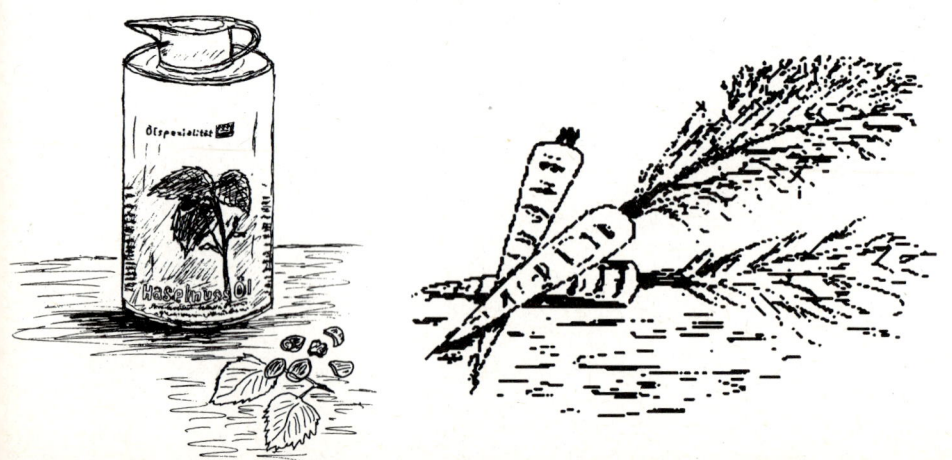

Eisbergsalat mit Mandarinen

¹/₄	Eisbergsalat	*Waschen, in Streifen schneiden.*
¹/₂	Becher Magerjoghurt Süßstoff, Zitronensaft	*Verrühren, abschmecken und über den Salat gießen.*
30 g	Dunst-Mandarinen (ohne Zuckerzusatz)	*Den fertigen Salat mit den Mandarinen garnieren.*

Kopfsalat mit Buttermilch

40 g	Kopfsalat	*Waschen, gut abtropfen lassen und in mundgerechte Stücke zerteilen.*
50 *ml* 1 EL	Buttermilch Magerquark Süßstoff, Zitronensaft, frischen Schnittlauch	*Verrühren, abschmecken und über den Salat gießen.*

Sauerkraut mit Ananas

200 g	Sauerkraut	*Ananasringe in Stücke schneiden*
40 g	Ananas	*und mit dem Sauerkraut*
	(ohne Zuckerzusatz)	*vermischen.*

1 EL	Ananassaft	
1 EL	Zitronensaft	*Verrühren, über den Salat gießen.*
etwas	Süßstoff	

Sellerie-Apfel-Rohkost

200 g	Sellerieknolle	*Putzen, schälen und*
½	Apfel	*grob raspeln.*

2 TL	gehackte Haselnüsse	*Unterheben.*

½	Becher Magerjoghurt	*Verrühren, abschmecken und*
	Pfeffer, Süßstoff,	*mit dem Salat vermischen.*
	Zitronensaft	

Gurkensalat

200 g	Salatgurke	*Schälen und in dünne*
		Scheiben schneiden.

2 EL	Magerquark	
½	Becher Magerjoghurt	*Verrühren, abschmecken und*
	Dill, Pfeffer,	*über die Gurkenscheiben gießen.*
	Zitronensaft,	
einige	Tropfen Süßstoff	

26

Rettichrohkost mit Kürbiskernen

250 g	Rettich	*Schälen und grob raspeln.*
1 EL	Essig	
1 EL	Vitaquell Kürbiskern-Öl	*Verrühren, abschmecken und*
	Pfeffer, Petersilie	*über den Rettich gießen.*
25 g	Kürbiskerne	*Auf den Salat streuen.*

Tomaten-Paprika-Mais-Salat

1	Tomate	*Tomate waschen und in sechs*
1	grüne Paprikaschote	*gleichgroße Stücke schneiden.*
50 g	Mais	*Paprika waschen, putzen und*
		in feine Streifen schneiden.
		Beides mit dem Mais vermischen.
1 EL	Wasser	
1 EL	Essig	
1 TL	Vitaquell	*Verrühren, abschmecken und*
	Sonnenblumen-Öl	*über den Salat gießen.*
	Pfeffer, Kräuter	
	und Gewürze	

Warmer Pilzsalat

100 g	Champignons	*Putzen, waschen, abtropfen lassen und halbieren.*
100 g	Austernpilze	

2 EL	Olivenöl	*Erhitzen und die Pilze darin anbraten.*

einige	Blätter Radicchio	*Waschen, abtropfen lassen und in eine Salatschüssel geben.*

Saft ½	Zitrone	*Die Pilze würzen, abschmecken und auf dem Radicchio anrichten.*
	Jodsalz, Pfeffer	
	frisch gehackte Petersilie	

Bohnensalat

150 g	gekochte grüne Bohnen

100 ml	Gemüsebrühe	*Gemüsebrühe aufkochen, Zwiebelwürfel einige Minuten darin köcheln lassen.*
1 kleine	feingehackte Zwiebel	

1 EL	Balsamicoessig	*Zur etwas abgekühlten Brühe geben, über die Bohnen gießen und abgekühlt servieren.*
1 TL	Weizenkeimöl	
	Pfeffer, Bohnensalat	

Hauptgerichte

Die Hauptgerichte sind für 8 bis 10 Personen berechnet. Zu jedem Hauptgericht sollte stets ein Rohkostsalat gereicht werden.

Für die Zubereitung von Hauptgerichten sind folgende Produkte von grundlegender Bedeutung:

- Vitaquell SojaCremig neutral ist ein fettarmes Sojaprodukt.
  Es ersetzt Sahne, Crème fraîche oder Milch für Überbackenes
  und ist cholesterinfrei, natriumarm, glutenfrei,
  frei von Milchzucker, frei von tierischem Eiweiß.
  Vitaquell SojaCremig neutral ist im Reformhaus erhältlich.
- Biobin, ein pflanzliches Bindemittel aus Johannisbrotkernmehl.
  Es ist fast kalorienfrei und eignet sich zum Binden sämtlicher
  Soßen. Es ist im Reformhaus erhältlich.
- Als Süßungsmittel empfehlen wir für alle folgenden
  „süßen" Rezepte „Vollzucker" (siehe S. 20).

Auberginen-Auflauf mit Mozzarella

500 g	gegarte Kartoffeln	
2 - 3	Auberginen	
2	Zwiebeln	
2	Knoblauchzehen	
1	Paprikaschote	
	Kräuter und Gewürze	

Auberginen waschen, in 1 cm dicke Scheiben schneiden und in der Pfanne (in wenig Öl) braten, bis sie von beiden Seiten gebräunt sind. Mit Thymian würzen. Anschließend die in Streifen geschnittenen Zwiebeln und die feingewürfelten Knoblauchzehen glasig dünsten.

Eine Auflaufform fetten, mit Haferflocken ausstreuen. Auberginen, in Scheiben geschnittene Kartoffeln, gewürfelte Paprikaschoten und Zwiebeln schichtweise einfüllen.

3	Eier
etwas	Milch

Verrühren, über den Auflauf gießen.

150 g	Mozzarella

Würfeln, auf dem Auflauf verteilen.

Bei 180°C 45 Minuten backen.

Buchweizen-Bratlinge

150 g	Buchweizengrütze	*Wasser mit Gemüsebrühe auf-*
500 *ml*	Wasser	*kochen lassen, die Grütze hinein-*
1TL	Gemüsebrühe	*geben, 20 Minuten auf kleiner Stu-*
		fe ausquellen lassen, kalt stellen.

100 g	geriebenen Käse	*Mit der kalten Grütze*
1	gewürfelte Zwiebel	*verkneten und abschmecken,*
80 g	Magerquark	*Bratlinge formen und von*
Pfeffer, Muskat, Schnittlauch		*beiden Seiten goldbraun braten.*

Champignon-Pfanne

700 g	gegarte Kartoffeln	*In Scheiben schneiden.*

1,5 kg	frische Champignons	*Zwiebeln und Knoblauch würfeln*
2	Zwiebeln	*und im Öl glasig dünsten, die ge-*
4	Knoblauchzehen	*waschenen und halbierten Cham-*
4 EL	Vitaquell	*pignons hinzugeben. 10 Minuten*
	Sonnenblumen-Öl	*braten, dann die Kartoffeln hin-*
1Bund	frischen Schnittlauch	*zugeben, mit Kräutern, Gewürzen*
	Kräuter und Gewürze	*und Schnittlauch abschmecken.*

dazu: Käsesoße

300 g	Kräuterfrischkäse	
300 g	Vitaquell	*Verrühren, erwärmen und zu der*
	SojaCremig neutral	*Champignon-Pfanne reichen.*
4 El	geriebener Parmesan	

Chinakohl-Rouladen

900 g	gegarter Vollkornreis (300g roher Reis)	
1	großer Chinakohl	*Waschen, Blätter ablösen und in kochendem Wasser 2 Minuten blanchieren.*
2	Möhren	
2	Stangen Lauch	*Waschen, putzen, fein schneiden*
2	Knoblauchzehen	*und ca. 2 Minuten dünsten.*
3 EL	Vitaquell Heiße Küche	
3	Eier	*Mit dem Reis und dem vorbereiteten Gemüse verkneten, abschmecken.*
3 EL	feine Haferflocken	*Füllung auf die Chinakohlblätter geben und fest aufrollen,*
250 g	Käsewürfel	*evtl. mit Holzstäbchen fixieren.*
	Kräuter und Gewürze	*Rouladen in die Fettpfanne des Backofens legen. Bei 180° C 30 Minuten backen.*

Soße:

500 g	Vitaquell SojaCremig neutral	*Verrühren, erwärmen und über die Rouladen gießen.*
500 g	Frischkäse	
etwas	Curry	

Fenchel-Käse-Törtchen

Für ca. 15 Förmchen, ca.10 cm Durchmesser

Teig:

250 g	Weizenvollkornmehl	
250 g	Weizenmehl Typ 1050	*Verkneten, ca. 1 Stunde kühl*
250 g	Vitasieg Pflanzen-	*stellen, auf wenig Mehl dünn*
	Margarine	*ausrollen und die Förmchen*
2	Eier	*damit auslegen.*
1	TL Jodsalz	

Füllung:

6	Fenchelknollen	*Fenchel waschen, putzen, in*
250 g	Blauschimmelkäse	*Scheiben schneiden, bißfest*
3EL	Sonnenblumenkerne	*garen, abtropfen lassen,*
150 g	Oliven	*den Käse würfeln.*
		Die Füllung gleichmäßig
		auf alle Förmchen verteilen.

Guß:

500 g	Vitaquell SojaCremig	
	neutral	*Verrühren,*
4	Eier	*auf die Törtchen gießen.*
	Pfeffer, Tabasco,	
	gehacktes Fenchelkraut	

Bei 180° C 40 Minuten backen.

Gemüsegulasch

200 g	Zwiebeln
500 g	Möhren
500 g	Sellerie
500 g	Champignons
5 EL	Vitaquell
	Sonnenblumen-Öl
1 *l*	Gemüsebrühe
Kräuter und Gewürze	

Gehackte Zwiebeln in Öl anschwitzen, Möhren und Sellerie in Scheiben zugeben, scharf anbraten. Mehrmals mit Gemüsebrühe ablöschen. Champignons zugeben und garschmoren.
Mit etwas Tomatenmark oder Ketchup abschmecken, evtl. mit Biobin binden.

Dazu:
Kartoffeln oder Vollkornnudeln reichen.

Variation:
Die Gemüsesorten lassen sich, je nach Geschmack oder saisonalem Angebot, verändern.

Bunter Kartoffelauflauf

2	Zwiebeln	
2	Knoblauchzehen	*Fein würfeln,*
etwas	Vitaquell	*in etwas Öl glasig dünsten.*
	Sonnenblumen-Öl	

1200 g	Kartoffeln, gegart	*In Scheiben schneiden.*

Waschen, in Scheiben schneiden,
ca. 5 Minuten garen.

4	Äpfel	*Zwei Auflaufformen mit*
2	Paprikaschoten	*Öl auspinseln,*
1	Sellerieknolle	*mit Haferflocken ausstreuen.*

Alle Zutaten miteinander
vermischen und auf beide
Auflaufformen verteilen.

300 g	Vitaquell	
	SojaCremig neutral	
3	Eier	*Miteinander verrühren,*
	Pfeffer, Chili,	*über die Aufläufe gießen.*
	Tabasco, Muskat,	
	Zimt, Schnittlauch	

Bei 170° C 40 Minuten backen.

Kartoffel-Kräuter-Gratin

1 kg	Kartoffeln	*Schälen, kochen, durch die Kartoffelpresse drücken.*
100 *ml*	Milch	
50 g	Vitasieg Pflanzen-Margarine	*Mit der Kartoffelmasse verrühren.*
3	Eigelb	
150 g	Buchweizenmehl	
150 g	gem. Nüsse	*Alle Zutaten mit der Kartoffelmasse vermischen. Mit Curry und Muskat abschmecken.*
2	gehackte Zwiebeln	
2	gepreßte Knoblauchzehen	
150 g	geriebenen Käse	
5 EL	gehackte Kräuter (z.B. Schnittlauch, Petersilie, Basilikum, Thymian)	*Unterrühren.*
		Steifschlagen, unterheben. Gratin auf zwei gefettete Formen verteilen.
3	Eiweiß	
		Bei 180° C 30 Minuten backen.

Back-Kartoffeln

2,5 kg	festkochende Kartoffeln
1 EL	Vitaquell
	Sonnenblumen-Öl
	Kümmel

Die Kartoffeln unter fließendem Wasser gründlich reinigen, gut abtropfen lassen, der Länge nach halbieren, auf ein mit Backpapier belegtes Blech geben, die Schnittfläche mit Öl bepinseln und mit Kümmel bestreuen.

Bei 180°C 30 Minuten backen.

Kräuterquark

1 kg	Magerjoghurt
800 g	Magerquark
200 g	fettreduzierte
	Mayonnaise 30% F.
	Kräuter und Gewürze

Mit dem elektrischen Handrührgerät kräftig rühren, abschmecken.

Kartoffelkuchen

250 g	Weizenvollkornmehl	*Alle Zutaten zu einem geschmei-*
100 g	feine Haferflocken	*digen Teig verkneten, an einem*
1	Tüte Hefe	*warmen Ort bis zur doppelten*
1 TL	Jodsalz	*Größe aufgehen lassen.*
200 *ml*	lauwarme Milch	*Erneut durchkneten, auf ein mit*
25 g	zerlassene Vitasieg	*Backpapier ausgelegtes Blech ver-*
	Pflanzen-Margarine	*teilen, nochmals gehen lassen.*

200 g	Erbsen	
200 g	Zwiebeln	
600 g	gekochte Kartoffeln	*Erbsen garen, Zwiebeln würfeln*
2 EL	Weizenvollkornmehl	*und in etwas Öl andünsten.*
4 EL	Haferflocken	*Kartoffeln durch die*
3	Eier	*Presse geben.*
250g	Vitaquell	*Alle Zutaten miteinander*
	SojaCremig neutral	*verrühren, mit Kräutern und*
	Petersilie, Pfeffer,	*Gewürzen abschmecken.*
	Muskat	*Auf den Hefeteig geben,*
200 g	Käsewürfel	*mit Käsewürfeln bestreuen.*
etwas	Vitaquell	
	Sonnenblumenöl	*Bei 200 °C 40 Minuten backen.*

Kartoffelsalat

2,0 kg	festkochende Kartoffeln

Pellkartoffeln kochen, abpellen und in Scheiben schneiden.

300 ml	Gemüsebrühe
8 EL	Vitaquell Sonnenbumen-Öl
3 TL	Senf
8 TL	Essig
1	Bund frischen Schnittlauch
2	feingewürfelte Zwiebeln
1	gewürfelter Apfel
1	gewürfelte Salatgurke
1	Bund in Scheiben geschnittene Radieschen Pfeffer,
2	Tropfen Süßstoff

Die Zwiebelwürfel in der Gemüsebrühe weich kochen, mit den Gewürzen verrühren und über die restlichen Zutaten geben.
Verrühren, etwas ziehen lassen, nochmals abschmecken, dann servieren.

Tip:
Gemüse- oder Getreidebratlinge schmecken sehr gut dazu.

Krautkuchen mit Schafskäse

10 EL	Vitaquell Sonnenblumenöl	*Zu einem glatten Teig verkneten, zu einem Rechteck ausrollen und auf ein mit Backpapier belegtes Backblech legen.*
250 g	Magerquark	
8 EL	Milch	
370 g	Weizenvollkornmehl	
3 TL	Backpulver	
½ TL	Jodsalz	

1 kg	Sauerkraut	*Knoblauchwürfel im Öl andünsten, Sauerkraut hinzugeben und 10 Minuten zugedeckt dünsten. Sauerkraut mit Kräutern und Gewürzen abschmecken.*
3	Knoblauchzehen	
2 EL	Vitaquell Sonnenblumen-Öl	

200 g	Schafskäse	*Würfeln, über das Sauerkraut streuen.*
150 g	Ananas ohne Zucker	

200 g	Vitaquell SojaCremig neutral	*Verrühren, würzen, mit dem Sauerkraut mischen und auf dem vorbereitetem Teigboden verteilen.*
2	Eier	
	Gewürze und Kräuter	

Bei 180° C 35 Minuten backen.

Lauchkuchen mit Kürbiskernen

200 g	Magerquark	
5 EL	Milch	
7 EL	Vitaquell Kürbiskern-Öl	*Verkneten, dünn ausrollen*
1 TL	Jodsalz	*und auf ein mit Backpapier*
2	Eier	*ausgelegtes Blech legen.*
400 g	Weizenvollkornmehl	
1 Tüte	Backpulver	

2 kg	Lauch	*Lauch waschen,*
3 EL	Vitaquell Kürbiskern-Öl	*in feine Ringe schneiden und*
100 g	Kürbiskerne	*im erhitzten Öl andünsten.*
3	gepreßte Knoblauch-zehen	*Knoblauch und Kürbiskerne*
	Kräuter und Gewürze	*hinzugeben, würzen.*

300 g	Vitaquell SojaCremig neutral	*Verrühren,*
		mit dem Gemüse vermischen
3	Eier	*und auf das Backblech geben.*

100 g	Parmesankäse	*Gleichmäßig über den Kuchen streuen.*

Bei 180° C 40 Minuten backen.

Champignon-Pizza

250 g	Weizenmehl Type 1050
250 g	Weizenvollkornmehl
1 TL	Jodsalz
1 Tüte	Hefe
250 *ml*	lauwarmes Wasser
50 g	zerlassene Vitasieg
	Pflanzen-Margarine

Zu glattem Teig verkneten, an einem warmen Ort bis zu doppelter Größe aufgehen lassen.

1 kg	frische Champignons
1	Zwiebel
1	Knoblauchzehe
80 g	Tomatenmark
	Kräuter und Gewürze
200 g	Käsewürfel
etwas	Vitaquell
	Sonnenblumen-Öl

*Gemüse in Scheiben schneiden und in etwas Öl dünsten.
Mit Kräutern und Gewürzen vermengen.
Hefeteig erneut durchkneten, dünn ausrollen und auf ein mit Backpapier belegtes Backblech legen, nochmals gehen lassen.
Dünn mit Tomatenmark bestreichen.
Das Gemüse darauf verteilen.*

25 Minuten bei 200° C backen.

10 Minuten vor Ende der Garzeit die Käsewürfel auf die Pizza verteilen.

Gemüsepizza

Teig:

150 g	Weizenvollkornmehl	*Zu glattem Teig verkneten,*
150 g	Weizenmehl Type 1050	*dünn ausrollen und*
200 g	Vitasieg Pflanzen-	*auf ein mit Backpapier*
	Margarine	*ausgelegtes Blech legen.*
1 TL	Backpulver	
1 TL	Jodsalz	*Bei 180°C 10 Minuten vorbacken.*

4 EL   Tomatenmark   *Den Teig dünn mit Tomatenmark bestreichen.*

Belag (insgesamt 800 g):

Zwiebeln
Champignons
Zucchini
Tomaten
Paprika
Mais

Vorbereitetes Gemüse auf den Teig verteilen, mit Oregano, Majoran und Thymian würzen.

200 g   Käsewürfel

Gleichmäßig auf der Pizza verteilen und weitere 25 Minuten bei 180° C backen.

Pizza-Tasche

400 g	Weizenvollkornmehl	
200 *ml*	lauwarme Milch	
80 g	zerlassene Vitasieg	*Hefeteig herstellen,*
	Pflanzen-Margarine	*warm stellen und*
1 TL	Jodsalz	*aufgehen lassen.*
1 EL	Obstessig	
1 Tüte	Hefe	

5	Tomaten	
1	Paprikaschote	*Waschen, würfeln, das Gemüse*
1	Zucchini	*andünsten und würzen.*
100 g	Schafskäse	*Den Teig ca. $^1/_2$ cm dick ausrollen.*
1	Stange Lauch	

1 EL Tomatenmark

Die Hälfte des Teiges damit bestreichen, das vorbereitete Gemüse und den Schafskäse darauf verteilen und einen Rand von ca. 2 cm freilassen.

etwas Milch

Den Rand damit bestreichen, Teighälfte über die Füllung klappen, Rand gut festdrücken.

Bei 180° C 30 Minuten backen.

Rosenkohl-Auflauf

2 kg	Rosenkohl
5	Eier
500 g	Vitaquell SojaCremig neutral
150 g	Käsewürfel zum bestreuen
	Pfeffer, Paprika, Muskat

*Rosenkohl putzen,
10 Minuten dämpfen,
auf einem Sieb abtropfen lassen.
Eier mit SojaCremig neutral
und den Gewürzen verrühren.
Den Rosenkohl auf zwei Auflaufformen verteilen, Sojamasse
darüber gießen, mit den Käse-
würfeln bestreuen.*

Bei 180° C 45 Minuten backen.

Dazu:
*Kartoffelpürée mit
viel Schnittlauch.*

Sellerie-Bratlinge

1	Sellerieknolle	Waschen, schälen, grob reiben.
250 *ml*	Gemüsebrühe	Reis in die kochende Gemüse-brühe geben und ca. 20 Minuten garen, dann den Sellerie hinzugeben und weitere 5 Minuten garen.
100 g	Vollkornreis	
1	Ei	Mit der Reis-Sellerie-Masse verkneten und abschmecken.
3 EL	feine Haferflocken	
	Kräuter und Gewürze	
50 g	Paniermehl	Etwa 8 Bratlinge formen, in Paniermehl wenden und im heißen Öl von beiden Seiten goldbraun braten.
	Vitaquell	
	Sonnenblumen-Öl	

Tomatentorte

75 g	Weizenvollkornmehl	*Zu einem glatten Teig verkneten,*
75 g	Weizenmehl Type 1050	*dünn ausrollen und eine*
100 g	Vitasieg Pflanzen-	*Springform damit auskleiden,*
	Margarine	*einen Rand hochziehen.*
150 g	Magerquark	*Bei 190°C 10 Minuten vorbacken.*
½ TL	Jodsalz	

100 g	Erbsen	*Tomaten in Scheiben schneiden.*
200 g	Zwiebeln	*Erbsen garen. Zwiebeln und*
200 g	Paprika	*Paprika in feine Streifen schnei-*
300 g	Tomaten	*den und in wenig Öl andünsten,*
2 EL	Vitaquell	*mit Kräutern und Gewürzen*
	Sonnenblumen-Öl	*vermischen. Das Gemüse auf*
		den vorgegarten Teig verteilen.

130 g	Käse	
300 g	Vitaquell	*Käse würfeln. Restliche Zutaten*
	SojaCremig neutral	*verrühren und über den Kuchen*
3	Eier	*gießen, mit Käsewürfeln*
2 EL	feine Haferflocken	*bestreuen und bei 190°C*
	Petersilie, Pfeffer,	*weitere 40 Minuten backen.*
	Tabasco, Oregano,	
	Basilikum	

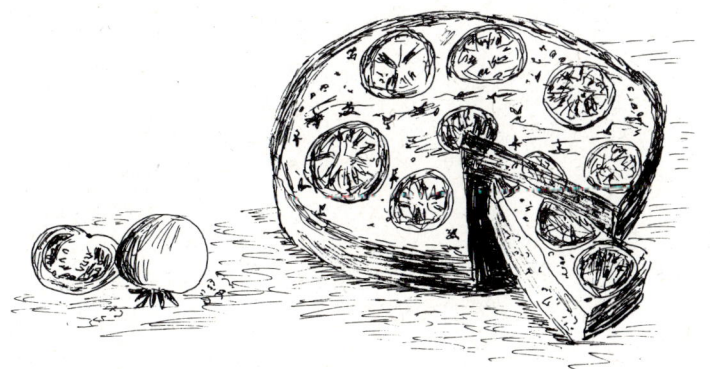

Zucchini-Kartoffel-Auflauf

3	Zucchini	
500 g	gegarte Kartoffeln	Zucchini waschen, in 1 cm breite
2	Zwiebeln	Scheiben schneiden und in der
2	Knoblauchzehen	Pfanne in wenig Öl braten, bis sie
1	Paprikaschote	von beiden Seiten gebräunt sind.
	Kräuter und Gewürze	Mit Pfeffer, Majoran und
etwas	Vitaquell	Oregano würzen.
	Sonnenblumen-Öl	

Die in Streifen geschnittenen
Zwiebeln und die feingewürfelten
Knoblauchzehen glasig dünsten.
Eine Auflaufform fetten,
vorbereitetes Gemüse und Kar-
toffeln schichtweise einfüllen.

3	Eier	Verrühren,
etwas	Milch	über den Auflauf gießen.

150 g	Käsewürfel	Auf dem Auflauf verteilen.

Bei 180° C 45 Minuten backen.

Zucchinicreme-Suppe

1 kg	Zucchini
1 EL	Vitaquell Sonnenblumenöl
1	gewürfelte Zwiebel
1	gepreßte Knoblauchzehe Pfeffer, Zitronensaft, Curry
1½ l	Gemüsebrühe
250 ml	Vitaquell SojaCremig neutral

Zucchini waschen,
der Länge nach halbieren,
in Scheiben schneiden,
Zwiebelwürfel und
Knoblauch im Öl anbraten,
Gemüsebrühe hinzugießen,
Zucchinistücke hineingeben,
würzen.
20 Minuten köcheln lassen.

Mit dem Pürierstab des
Handrührgerätes pürieren,
SojaCremig neutral unterrühren,
nochmals abschmecken
und servieren.

Tip: Zur Zucchinicremesuppe
selbstgebackene Vollkorn-
brötchen reichen.

Zwiebelkuchen

250 g	Weizenvollkornmehl
2 TL	Hefe
150 *ml*	lauwarme Milch
25 g	zerlassene Vitasieg Pflanzen-Margarine
$^1/_2$ TL	Jodsalz

Zu einem geschmeidigen Teig verkneten, an einem warmen Ort aufgehen lassen; erneut durchkneten, den Hefeteig in eine mit Backpapier ausgelegte Springform (26 cm ¢) drücken, Rand hochziehen, nochmals gehen lassen.

1 kg	Zwiebeln
3 EL	Vitaquell Sonnenblumen-Öl
2	Eier
200 g	Vitaquell SojaCremig neutral Gewürze und Kräuter

Die Zwiebeln schälen, würfeln, in heißem Öl glasig dünsten. Eier mit SojaCremig neutral verrühren und über die heißen Zwiebeln geben, unterrühren. Mit Kräutern und Gewürzen abschmecken. Die Zwiebelmasse auf dem Hefeteig verteilen, mit Kümmel bestreuen.

Bei 200° C 40 Minuten backen.

50

Milde Zwiebelsuppe

800 g	Zwiebeln	*Schälen, halbieren und in dünne Ringe schneiden.*
2 TL	Öl	*Erhitzen und die Zwiebelringe darin glasig dünsten.*
1 ½ l	Gemüsebrühe	*Unter Rühren dazugeben und*
½ l	Magermilch	*15 Minuten köcheln lassen.*
5 EL	Weizenmehl Type 1050	*Mehl und Wasser verrühren und*
50 ml	Wasser	*in die Suppe einrühren.*
20 g	feingeriebenen Parmesan Jodsalz, Pfeffer, Muskat, Curcuma	*Würzen und abschmecken.*
	frisch geschnittenen Schnittlauch	*Vor dem Servieren über die Suppe streuen.*

Kirsch-Semmel-Pudding

15	Vollkornbrötchen	*Eiweiß steif schlagen.*
750 *ml*	Milch	*Brötchen würfeln und in der*
4	Eier	*Milch einweichen. Eigelb, Zucker*
180 g	Zucker	*und Zitrone schaumig schlagen.*
Saft von 1 Zitrone		*Brötchenwürfel, Marzipanwürfel*
1 TL	Zimt	*und Eischnee unterheben.*
150 g	Marzipan-Rohmasse	*In zwei mit Haferflocken ausge-*
500 g	Kirschen	*streute Auflaufformen schicht-*
Haferflocken für die Form		*weise mit den Kirschen geben.*

Bei 180° C 60 Minuten backen.

dazu: Vanillesoße

1 *l*	Milch	*Kalte Milch mit dem Biobin*
6 g	Biobin	*verrühren, Mark der Vanille-*
1	Vanilleschote	*schote auskratzen und mit der*
	Süßstoff	*Schote in die Milch geben.*
		Unterrühren, aufkochen lassen,
		mit Süßstoff süßen.

Quarkpudding

130 g	Vitasieg Pflanzen-Margarine
8	Eier
300 g	Zucker
Saft von 3 Zitronen	
500 g	Magerquark
500 g	feine Haferflocken
4 EL	Puddingpulver Vanille
1	Tüte Backpulver
1 TL	Zimt
500 ml	Milch

Eier trennen, Eiweiß zu steifem Schnee schlagen und kühl stellen. Margarine, Eigelb und Zucker schaumig rühren, restliche Zutaten nach und nach unterrühren, den Eischnee zum Schluß unterheben.
Teig in zwei ausgefettete und mit Haferflocken ausgestreute Puddingformen geben.

Im Wasserbad 1¹/₂ Stunden kochen. Den fertigen Pudding stürzen, in dicke Scheiben schneiden und mit Fruchtsoße (z.B. aus Kirschen, Himbeeren, Erdbeeren oder Stachelbeeren) servieren.

Brot und Brötchen

Anisbrot

500 g	Weizenvollkornmehl	
80 g	Zucker*	*Hefeteig herstellen,*
1 TL	Anis	*bis zur doppelten Größe*
½ TL	Jodsalz	*aufgehen lassen.*
1 Tüte	Hefe	*Erneut durchkneten,*
250 ml	Milch, lauwarm	*in eine mit Backpapier*
1	Ei	*ausgelegte Kastenform geben,*
50 g	zerlassene Vitasieg	*nochmals gehen lassen.*
	Pflanzen-Margarine	

Bei 200° C 45 Minuten backen.

* Als Süßungsmittel empfehlen wir für dieses und alle folgenden „süßen" Rezepte Vollzucker (siehe Seite 20).

Apfelbrot

250 g	Weizenvollkornmehl
250 g	Weizenmehl Type 1050
1 TL	Jodsalz
250 *ml*	Milch
50 g	zerlassene Vitasieg
	Pflanzen-Margarine
1	Tüte Hefe
50 g	Zucker
1	Ei
1	TL Zimt
500 g	geraspelte Äpfel

Margarine und Milch leicht erwärmen, restliche Zutaten hinzugeben und einen klebrigen Teig herstellen. Warmstellen und gehen lassen. Erneut durchkneten, in eine mit Backpapier ausgelegte Kastenform geben.

Bei 200° C 50 Minuten backen.

Bauernbrot mit Kürbiskernen

300 g	Weizenvollkornmehl	
200 g	Roggenschrot	*Mischen.*
1 TL	Jodsalz	

250 g	Magerjoghurt	*Gut verrühren, leicht erwärmen.*
100 *ml*	Wasser	*Alle Zutaten mit dem Knethaken*
1	Tüte Hefe	*des Handrührgerätes 3 Minuten*
40 g	zerlassene Vitasieg	*durcharbeiten. Bis zur doppelten*
	Pflanzen-Margarine	*Größe aufgehen lassen.*

Unterkneten, in eine

50 g	Kürbiskerne	*mit Backpapier ausgelegte*
50 g	Sonnenblumenkerne	*Kastenform geben,*
		nochmals gehen lassen.

Bei 180° C 55 Minuten backen.

Fladenbrot mit Oliven

Zutaten für 2 Fladenbrote:

250 g	schwarze Oliven

Entsteinen und kleinschneiden.

500 g	Weizenvollkornmehl
1 Tüte	Hefe
½ TL	Jodsalz
½ TL	Dill
½ TL	Schnittlauch
½ TL	Rosmarin
3	gepreßte Knoblauchzehen
350 *ml*	lauwarme Milch
5 EL	Vitaquell Oliven-Öl
etwas	Vitaquell Oliven-Öl zum bestreichen

Hefeteig herstellen und gehen lassen. Oliven unterkneten, zwei Kugeln formen, mit der Kuchenrolle 2 bis 3 cm dick ausrollen und auf ein mit Backpapier belegtes Blech legen. Nochmals gehen lassen, dann mit Vitaquell Oliven-Öl bestreichen.

Bei 200° C 25 Minuten backen.

Hausmannsbrot

600 g	Weizenvollkornmehl
2	Tüten Hefe
300 *ml*	lauwarme Milch
30 g	zerlassene Vitasieg Pflanzen-Margarine
4 EL	Sonnenblumenkerne
2 EL	Schnittlauch
2 TL	Jodsalz,
1 Prise	Pfeffer
150 g	Gouda, feingewürfelt
150 g	gewürfelte Zwiebeln, leicht angebraten

Alle Zutaten zu einem glatten Teig verkneten und an einem warmen Ort bis zur doppelten Größe aufgehen lassen. Anschließend den Teig erneut durchkneten und in eine mit Backpapier ausgelegte Kastenform geben und nochmals gehen lassen.

Bei 200° C 50 Minuten backen.

Kerniges Haferbrot

150 g   feine Haferflocken
150 g   Weizenvollkornmehl
250 g   Weizenmehl Type 1050
1½   Tüten Hefe
125 *ml*   lauwarme Buttermilch
125 g   Magerquark
30 g   Sonnenblumenkerne
1 TL   Jodsalz
1 TL   Zucker
1 TL   Oregano
1 TL   Schnittlauch
1 EL   Vitaquell
       Sonnenblumen-Öl
       grobe Haferflocken
       zum bestreuen

*Hefeteig herstellen,
an einem warmen Ort
bis zur doppelten Größe
aufgehen lassen;
erneut durchkneten und
in eine mit Backpapier
ausgelegte Kastenform geben.
Nochmals gehen lassen.*

*Mit Wasser bepinseln und mit
groben Haferflocken bestreuen.*

Bei 180° C 50 Minuten backen.

Kürbisbrot

500 g	Weizenvollkornmehl
1 TL	Jodsalz
20 g	zerlassene Vitasieg-Pflanzen-Magarine
1	Tüte Hefe
40 g	Zucker
250 g	gut abgetropfter, pürierter Kürbis
150 *ml*	lauwarme Milch

Hefeteig herstellen,
gehen lassen,
erneut durchkneten,
in eine mit Backpapier
ausgelegte Kastenform geben,
nochmals gehen lassen.

Bei 200° C 60 Minuten backen.

Malzbier-Brot

300 g Weizenvollkornmehl
200 g Weizenmehl Type 1050
1 Tüte Hefe
½ TL Jodsalz
½ TL Zucker
2 EL Kümmel
2 TL Sesam
300 *ml* Malzbier

Hefeteig herstellen, gehen lassen.
Erneut durchkneten,
zu einem Laib formen und auf ein
mit Backpapier belegtes Blech
legen, nochmals gehen lassen.
Oberfläche einkerben und
mit Öl bestreichen.

Bei 200° C 60 Minuten backen.

Mehrkornbrot

500 g	Weizenvollkornmehl
50 g	Sonnenblumenkerne
50 g	geschroteten Leinsamen
50 g	Sesamkörner
1 EL	Magerquark
1 EL	Honig
1 TL	Jodsalz
2	Tüten Hefe
400 ml	lauwarmes Wasser

Hefeteig herstellen, gehen lassen;
erneut durchkneten,
in eine mit Backpapier
ausgelegte Kastenform geben,
nochmals gehen lassen.

Bei 180° C 60 Minuten backen.

Möhrenbrot

4	mittelgroße Möhren	⎫
1 EL	Vitaquell	⎬
	Sonnenblumen-Öl	⎭

Putzen, waschen, fein raspeln und im Öl kurz andünsten.

200 g	Weizenmehl Type 1050
200 g	Weizenvollkornmehl
150 g	feine Haferflocken
2	Tüten Hefe
1 TL	Jodsalz
1 TL	Zucker
2 EL	Sonnenblumenkerne
2 EL	Sesamkerne
350 *ml*	lauwarmes Wasser
30 g	Haferflocken zum

*Hefeteig herstellen, die abge-
kühlten Möhren unterkneten,
an einem warmen Ort bis zur
doppelten Größe aufgehen lassen.
Erneut durchkneten, in eine
mit Backpapier ausgelegte
Kastenform geben,
nochmals gehen lassen, mit
Wasser bepinseln und mit den
restlichen Haferflocken bestreuen.*

Bei 200° C 55 Minuten backen.

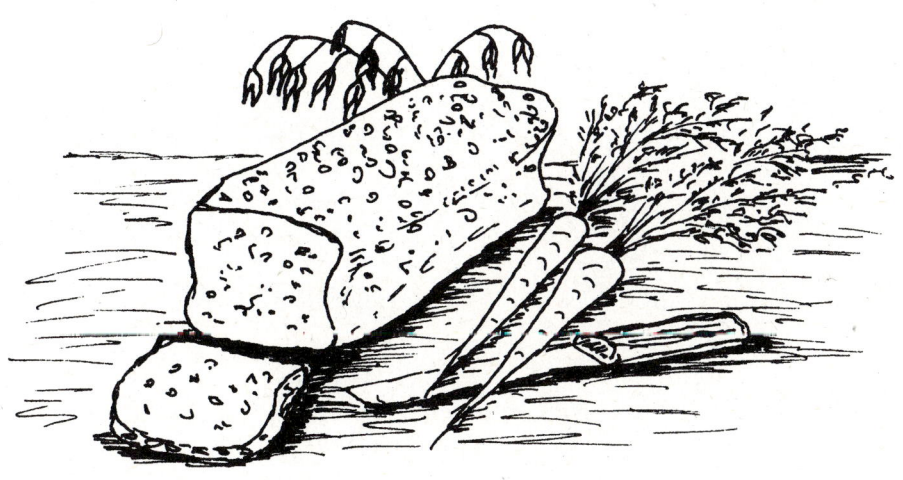

Rosinenbrot

250 g	Weizenvollkornmehl
250 g	Weizenmehl Type 1050
2	Tüten Hefe
½	TL Jodsalz
20 g	zerlassene Vitasieg Pflanzen-Margarine
100 g	Zucker
250 *ml*	Buttermilch, lauwarm
125 g	Magerquark
250 g	Rosinen

Alle Zutaten zu einem Hefeteig verarbeiten, an einem warmen Ort bis zur doppelten Größe aufgehen lassen. Erneut durchkneten und in eine mit Backpapier ausgelegte Kastenform geben, nochmals gehen lassen.

Bei 200° C 50 Minuten backen.

Schafskäsebrot

250 g	Weizenvollkornmehl
250 g	Weizenmehl Type 1050
300 ml	Buttermilch
2	Tüten Hefe
½ TL	Jodsalz
½ TL	Zucker
100 g	Schafskäse
1	kleine Zwiebel, fein gewürfelt
	Oregano, Majoran

Zwiebelwürfel und Schafskäsewürfel zurückstellen.
Aus den übrigen Zutaten einen Hefeteig herstellen, gehen lassen. Erneut durchkneten, Zwiebelwürfel und Schafskäsewürfel unterkneten. Zu einem Laib formen und auf ein mit Backpapier belegtes Blech geben, nochmals gehen lassen. Oberfläche einkerben und mit Öl bestreichen.

Bei 200° C 60 Minuten backen.

Walnußbrot

150 g	Weizenvollkornmehl
350 g	Weizenmehl Type 1050
50 g	geh. Walnüsse
2	Tüten Hefe
1 TL	Jodsalz
1	Prise Zucker
330 ml	lauwarmes Wasser

Hefeteig herstellen, an einem warmen Ort bis zur doppelten Größe aufgehen lassen, erneut durchkneten und in eine mit Backpapier ausgelegte Kastenform geben, nochmals gehen lassen.

Bei 180° C 45 Minuten backen.

Knusprige Brötchen

500 g	Weizenvollkornmehl
½ TL	Jodsalz
2	Tüten Hefe
300 *ml*	lauwarmes Wasser
50 g	Honig
50 g	zerlassene Vitasieg Pflanzen-Margarine
75 g	geh. Haselnüsse
75 g	geh. Mandeln
25 g	Rosinen

Nüsse, Mandeln, Rosinen zurücklassen. Aus den übrigen Zutaten einen Hefeteig herstellen und gehen lassen. Nüsse, Mandeln und Rosinen unterkneten, 12 Brötchen formen und auf ein mit Backpapier belegtes Blech geben, nochmals gehen lassen.

Bei 200° C 30 Minuten backen.

Knusprige Käsebrötchen

350 g	Weizenvollkornmehl	
150 g	Roggenmehl	
320 *ml*	lauwarme Buttermilch	*Hefeteig herstellen,*
50 g	zerlassene Vitasieg	*gehen lassen,*
	Pflanzen-Margarine	*erneut durchkneten,*
1 TL	Kümmel	*ca. 10 Brötchen formen*
1 TL	Koriander	*und auf ein mit Backpapier*
1 TL	Jodsalz	*belegtes Bech legen,*
2	Tüten Hefe	*nochmals gehen lassen.*
100 g	geriebenen Emmentaler	
1	Eigelb	*Die Brötchen mit Eigelb bestrei-*
etwas	Sesam	*chen und mit Sesam bestreuen.*

Bei 180° C 25 Minuten backen

Kräuterbrötchen

500 g	Weizenvollkornmehl
100 g	Kräuter, geschnitten und gemischt
80 g	zerlassene Vitasieg Pflanzen-Margarine
2	Tüten Hefe
1 TL	Zucker
1 TL	Jodsalz
1	Ei
etwas	weißen Pfeffer
200 *ml*	lauwarme Milch

*Hefeteig herstellen,
gehen lassen;
erneut durchkneten,
kleine Brötchen formen und
auf ein mit Backpapier
belegtes Blech legen,
nochmals gehen lassen.*

Bei 180° C 25 Minuten backen.

Kümmelbrötchen

500 g	Weizenvollkornmehl	
1 TL	Jodsalz	*Hefeteig herstellen und*
1 TL	Zucker	*an einem warmen Ort*
1 EL	gem. Kümmel	*gehen lassen.*
1 EL	ganzen Kümmel	*Erneut durchkneten;*
1 Tüte	Hefe	*10 bis 12 Brötchen formen*
20 g	zerlassene Vitasieg	*und auf ein mit Backpapier*
	Pflanzen-Margarine	*belegtes Blech legen,*
150 ml	lauwarmes Wasser	*nochmals gehen lassen.*
150 ml	lauwarme Milch	

1	Eigelb	*Mit Eigelb bepinseln,*
etwas	Kümmel	*mit Kümmel garnieren.*

Bei 200° C 20 Minuten backen.

Quarkbrötchen

250 g	Weizenvollkornmehl	
1	Tüte Backpulver	*Alle Zutaten zu einem*
250 g	Magerquark	*glatten Teig verkneten.*
50 g	zerlassene Vitasieg	*10 Brötchen formen und*
	Pflanzen-Margarine	*auf ein mit Backpapier*
½ TL	Jodsalz	*belegtes Blech legen.*
½ TL	Zucker	
1	Ei	

Bei 180° C 20 Minuten backen.

Sonnenblumenkern-Brötchen

400 g	Weizenvollkornmehl
350 g	Weizenmehl Type 1050
50 g	Sonnenblumenkerne
2	Tüten Hefe
1 TL	Zucker
350 *ml*	lauwarmes Wasser
100 g	saure Sahne
6 TL	Vitaquell
	Sonnenblumenöl
1 TL	Jodsalz

Öl und saure Sahne erwärmen. Alle Zutaten zu einem Hefeteig verarbeiten, gehen lassen. Sonnenblumenkerne unterkneten. Ca. 15 Brötchen formen, auf zwei mit Backpapier belegte Bleche legen, nochmals gehen lassen.

Bei 200° C 20 Minuten backen.

Würzige Zwiebelbrötchen

500 g	Weizenvollkornmehl	
2 EL	feine Haferflocken	
200 g	feingewürfelte	
	rohe Zwiebeln	
1	gepreßte Knoblauchzehe	
1 TL	Salz	
1 TL	Zucker	
1 TL	Curry	
1	Tüte Hefe	
300 ml	lauwarme Milch	
40 g	zerlassene Vitasieg	
	Pflanzen-Margarine	

Aus den Zutaten einen elastischen Teig kneten. Es empfiehlt sich, die rohen Zwiebeln und den Knoblauch bereits zu Anfang unter das Mehl zu mischen. Teig warm stellen und gehen lassen. Erneut durchkneten. 10 bis 12 Brötchen formen, auf ein mit Backpapier belegtes Blech legen, nochmals gehen lassen.

1	Eigelb
	Röstzwiebeln

Mit Eigelb bestreichen und mit gerösteten Zwiebeln garnieren.

Bei 200° C 20 Minuten backen.

Kuchen

Kuchen, Kekse, Waffeln - kalorienarm? Leider sind sie's nicht! Aus der Zusammenstellung der üblichen Zutaten (Mehl, Zucker, Margarine, Nüsse, Eier, ...) läßt sich kein kalorienarmes Gebäck herstellen.

Dennoch gibt es einige Möglichkeiten zur Kalorieneinsparung:

■ Reduzierung der Zuckermenge, bei einigen Rezepten bis zur Hälfte möglich, um dennoch ein schmackhaftes Ergebnis zu erzielen.

■ Austausch der Fettmenge durch pürierte Trockenpflaumen. Pflaumen in etwas Wasser einweichen, im Mixer pürieren und im Verhältnis 1:1 gegen das Fett austauschen.

■ Auf gesüßte Obstkonserven verzichten - statt dessen Frischobst, tiefgekühltes Obst oder Dunst-Früchte (Konserven ohne Zucker) nehmen.

■ Als Süßungsmittel empfehlen wir Vollzucker (siehe S. 20).

Süßes Gebäck ist etwas Besonderes, ein Genuß!
Der Umgang damit sollte nicht alltäglich sein: Nur sonn- und feiertags oder zu besonderen Anlässen genossen, werden diese Kalorien nicht zu einer Gewichtszunahme führen.

Amerikaner

100 g	Vitasieg Pflanzen-Margarine	
100 g	Zucker	
2	Eier	
250 g	Weizenvollkornmehl	
3 TL	Backpulver	
50 g	Puddingpulver Vanille	
3 EL	Milch	

Rührteig herstellen (der Teig muß fest sein - sonst läuft das Gebäck breit). Mit zwei Eßlöffeln die Teighäufchen auf ein mit Backpapier belegtes Blech setzen.

Bei 175° C 20 Minuten backen.

Guß:

100 g	Puderzucker
2 EL	Kakao
2 EL	heißes Wasser

Guß mit dem Schneebesen anrühren, die Unterseite der Amerikaner damit gleichmäßig bestreichen.

Apfel-Kokos-Kuchen

200 g	Vitasieg Pflanzen-Margarine
180 g	Zucker
4	Eier
400 g	Weizenvollkornmehl
1 Tüte	Backpulver
1 TL	Zimt
½ TL	Ingwer
100 g	Kokosflocken
50 g	Rosinen
150 g	Joghurt
250 g	Äpfel
Saft einer halben Zitrone	

Margarine, Zucker und Eier schaumig rühren, dann mit den restlichen Zutaten verrühren. Die Äpfel waschen, schälen, grob raspeln, mit dem Zitronensaft vermischen und unter den Teig heben. Den Teig in eine gefettete, mit Haferflocken ausgestreute Kranzform füllen.

Bei 180° C 60 Minuten backen.

Apfelkuchen vom Blech

250 g	Vitasieg Pflanzen-Margarine
250 g	Zucker
4	Eier
500 g	Weizenvollkornmehl
1	Tüte Backpulver
1 TL	Zimt
200 *ml*	Milch

Rührteig herstellen, auf ein mit Backpapier ausgelegtes Blech streichen.

10	Äpfel (ca. 1 kg)

Äpfel waschen, schälen, in Spalten schneiden und auf den Teig legen.

Bei 180° C 30 Minuten backen.

Französische Apfeltorte

100 g	Vitasieg Pflanzen-Margarine	
140 g	Zucker	
2	Eier	*Zu Rührteig verarbeiten.*
200 g	Weizenvollkornmehl	
2 TL	Backpulver	
1 TL	Zimt	

500 g Äpfel

Schälen, in Stücke schneiden und unter den Teig heben. In eine mit Backpapier ausgelegte Springform geben.

Bei 180° C 40 Minuten backen.

Mexikanische Apfeltorte

Füllung:

500 g	Äpfel
Saft einer ½ Zitrone	
75 g	geh. Mandeln
etwas	Süßstoff
½ TL	Zimt

Die geschälten und zerkleinerten Äpfel mit dem Zitronensaft dünsten, nach dem Erkalten süßen und mit dem Zimt und den Mandeln vermischen.

Teig:

150 g	Vitasieg Pflanzen-Margarine
100 g	Zucker
1	Tüte Vanillezucker
3	Eier
130 g	feine Haferflocken
50 g	Weizenmehl Type 1050
2 TL	Backpulver

Rührteig herstellen, ½ des Teiges in eine mit Backpapier ausgelegte Springform füllen. Die Apfelmasse darauf verteilen, restlichen Teig mit zwei Teelöffeln auf der Apfelmasse verteilen.

Bei 180° C 60 Minuten backen.

Bananen-Joghurt-Kuchen

80 g	Vitasieg Pflanzen-Margarine	
200 g	Zucker	*Schaumig rühren.*
3	Eier	
Mark einer halben Vanilleschote		

75 g	Joghurt	
275 g	Weizenvollkornmehl	*Unterrühren.*
1½ TL	Backpulver	

3	mittelgroße Bananen	*Kleinschneiden und vorsichtig unterheben. In eine mit Backpapier ausgelegte Kastenform geben.*

Bei 160° C 60 Minuten backen.

Bananenkuchen

150 g	Vitasieg Pflanzen-Margarine	
160 g	Zucker	*Schaumig rühren.*
3	Eier	

4	Bananen	*Mit einer Gabel zerdrücken und unterrühren.*

350 g	Weizenvollkornmehl	*Unterrühren.*
3 TL	Backpulver	*Den Teig in eine mit Backpapier*
100 g	gem. Nüsse	*ausgelegte Kastenform geben.*
125 ml	Milch	

Bei 175° C 60 Minuten backen.

Birnenkuchen

120 g	Vitasieg Pflanzen-Margarine	
100 g	Zucker	*Schaumig rühren.*
2	Eier	
2 EL	Milch	

120 g	Weizenmehl Type 1050	
100 g	Weizenvollkornmehl	
3 TL	Kakao	*Unterrühren.*
½ TL	Zimt	
2 TL	Backpulver	

125 *ml*	Milch	
50 g	geh. Mandeln	*Zufügen.*
50 g	feine Haferflocken	

750 g   Birnenwürfel

Unter den Teig heben.
(Bei Dosenfrüchten:
gut abtropfen lassen).

In eine mit Backpapier
ausgelegte Springform füllen.

Bei 180° C 45 Minuten backen.

Birnenkuchen mit Nüssen

150 g	Vitasieg Pflanzen-Margarine
80 g	Zucker
1	Ei
200 g	Weizenvollkornmehl
30 g	feine Haferflocken

Zu einem Knetteig verarbeiten, in eine mit Backpapier ausgelegte Springform geben, einen Rand hochziehen.

3	Eier
130 g	Honig
100 g	geh. Nüsse
100 g	gem. Nüsse

Eier trennen, Eigelb mit Honig und Nüssen verrühren, steifgeschlagenen Eischnee unterheben. Die Masse auf den Knetteig geben.

1	Dose Birnenhälften

Die gut abgetropften Birnen gleichmäßig auf dem Teig verteilen.

Bei 180° C 60 Minuten backen

Brombeerkuchen mit Streuseln

200 g	Vitasieg Pflanzen-Margarine	*Margarine, Zucker, Honig und Eier verrühren, Mehl und Backpulver unterkneten.*
100 g	Zucker	
2	Eier	*Den Teig auf ein mit Backpapier belegtes Backblech gleichmäßig verteilen (Mit den Händen den Teig verarbeiten).*
3 EL	Honig	
450 g	Weizenvollkornmehl	
3 TL	Backpulver	

1 kg	gefrorene Brombeeren	*Gleichmäßig auf den Teig geben.*

100 g	Weizenvollkornmehl	
1 EL	Honig	*Zu Streuseln verkneten und über die Früchte verteilen.*
50 g	Zucker	
50 g	Öl	
50 g	Puddingpulver Vanille	

Bei 180° C 45 Minuten backen.

Buchweizenkuchen mit Früchten

100 g Buchweizengrütze	*Milch aufkochen,*
400 *ml* Milch	*Grütze hinzugeben,*
30 g Vitasieg Pflanzen-	*20 Minuten quellen lassen,*
Margarine	*Margarine hinzugeben.*
	Abkühlen lassen.

100 g Zucker	
4 Eigelb	*Eigelb und Zucker schaumig*
1 TL Zimt	*schlagen, restliche Zutaten*
Mark einer halben Vanilleschote	*und die abgekühlte*
180 g gem. Nüsse	*Buchweizengrütze*
3 Bananen,	*unterrühren.*
klein schneiden	

4 Eiweiß	*Zu steifem Schnee schlagen*
	und unter den Teig heben.

*Den Teig in eine mit Backpapier
ausgelegte Kastenform füllen.*

Bei 180° C 70 Minuten backen.

Variationen:
*2 Äpfel
oder
2 Birnen grob geraspelt
oder
250 g Johannisbeeren
oder
250 g Heidelbeeren.*

Buttermilchkuchen

3	Eier
2	Tassen Zucker
2	Tassen Buttermilch
2	Tassen Weizenvoll-
	kornmehl
2	Tassen Weizenmehl
	Type 1050
3 TL	Backpulver

Rührteig herstellen, auf ein mit Backpapier ausgelegtes Backblech gießen und bei 180° C 15 Minuten vorbacken.

1	Tasse Zucker
1	Tüte Vanillezucker
1	Tasse Mandelblätter

Mischen, auf den Kuchen streuen, weitere 15 Minuten bei 180° C backen.

100 *ml* Schlagsahne

Den heißen Kuchen sofort mit der Sahne begießen.

Erfrischungskuchen

180 g	Vitasieg Pflanzen-Margarine	
200 g	Zucker	
4	Eier	Rührteig herstellen, in eine mit Backpapier ausgelegte Kastenform geben.
150 g	Weizenvollkornmehl	
100 g	feine Haferflocken	
2 TL	Backpulver	
	Saft einer halben Zitrone	

Rührteig herstellen,
in eine mit Backpapier
ausgelegte Kastenform geben.

Bei 190° C 60 Minuten backen.

Zum Beträufeln:

100 ml Orangensaft
100 g   Puderzucker
Saft von 1½ Zitronen

Verrühren, den noch heißen
Kuchen d amit bepinseln, bis die
Flüssigkeit aufgesogen ist.

Hefekuchen vom Blech

375 g	Weizenvollkornmehl	
125 g	feine Haferflocken	*Hefeteig herstellen,*
2	Tüten Hefe	*gehen lassen,*
70 g	Zucker	*erneut durchkneten, ausrollen*
250 *ml*	lauwarme Milch	*und auf ein mit Backpapier*
1 Tüte	Vanillezucker	*ausgelegtes Blech*
200 g	Vitasieg Pflanzen-	*gleichmäßig verteilen;*
	Margarine	*nochmals 30 Minuten*
2	Eier	*gehen lassen.*
Saft einer Zitrone		

Belag:

100 g	Vitasieg Pflanzen-	*Margarineflöckchen gleichmäßig*
	Margarine	*auf den Teig verteilen, gleichmä-*
100 g	Zucker	*ßig mit Zucker und Kokosflocken*
50 g	Kokosflocken	*überstreuen.*

Bei 200° C 25 Minuten backen.

Heidelbeerkuchen

Teig:

200 g	Vitasieg Pflanzen-Margarine	
200 g	Zucker	*Rührteig herstellen,*
3	Eigelb	*auf ein mit Backpapier*
350 g	Weizenvollkornmehl	*belegtes Blech streichen.*
50 g	feine Haferflocken	
3 TL	Backpulver	
200 *ml*	Milch	

1 kg	Heidelbeeren	*Auf den Teig verteilen.*

Bei 180° C 25 Minuten vorbacken.

Guß:

3	Eiweiß	*Eiweiß steifschlagen, den Zucker*
150 g	Zucker	*nach und nach unterrühren.*
2 EL	Orangensaft	*Restliche Zutaten unterheben.*
100 g	gem. Mandeln	*Die Eiweißmasse auf den*
50 g	Weizenflakes	*Kuchen streichen.*

Bei 175° C 20 Minuten backen.

Heidelbeerkuchen mit Quarkdecke

Teig:

80 g	Vitasieg Pflanzen-Margarine	
80 g	Zucker	*Zu einem Teig verkneten,*
1	Ei	*eine mit Backpapier auslegte*
100 g	Weizenvollkornmehl	*Springform damit belegen,*
100 g	feine Haferflocken	*einen Rand hochziehen.*
1 TL	Backpulver	

Belag:

250 g	Magerquark	
125 g	Zucker	*Verrühren.*
2	Eigelb	
40 g	Puddingpulver Vanille	

2	Eiweiß	*Steifschlagen,*
		unter die Quarkmasse heben.

		Auf den Kuchenteig verteilen,
300 g	Heidelbeeren	*dann die Quarkmasse*
		darübergeben.

Bei 180° C 40 Minuten backen.

Kartoffeltorte

350 g	Kartoffeln, gekocht und durchgepreßt
200 g	Zucker
100 g	gem. Nüsse
80 g	Marzipan
4	Eier
30 g	Grieß
50 g	Weizenvollkornmehl
2 TL	Backpulver

Eiweiß zu steifem Schnee schlagen. Zucker und Eigelb schaumig rühren, alle übrigen Zutaten beifügen und zuletzt den Eischnee unterheben. In eine mit Backpapier ausgelegte Springform geben.

Bei 180° C 50 Minuten backen.

Kirschkuchen

125 g	Vitasieg Pflanzen-Margarine	
50 g	Zucker	
2	Eier	
100 g	Weizenvollkornmehl	*Rührteig herstellen,*
2 TL	Backpulver	*in eine mit Backpapier*
100 g	grobe Haferflocken	*ausgelegte Springform geben.*
30 g	gem. Haselnüsse	
2 TL	Vanillezucker	
½ TL	Zimt	
1 Dose	Dunst-Kirschen	*Abgetropfte Kirschen darauf verteilen.*
30 g	gem. Haselnüsse	*Mischen und über*
1 EL	Zucker	*die Kirschen streuen.*

Bei 200° C 40 Minuten backen.

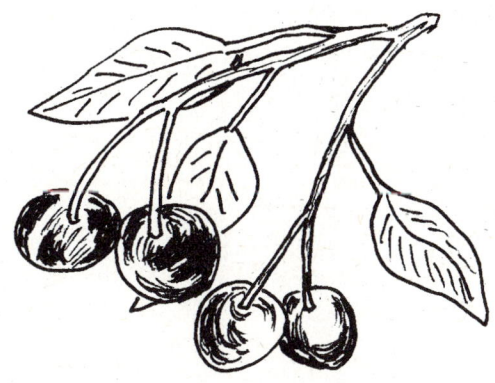

Kirschkuchen mit Schokolade

200 g	Vitasieg Pflanzen-Margarine
180 g	Zucker
4	Eier
125 g	gem. Mandeln
100 g	feine Haferflocken
50 g	Weizenvollkornmehl
2 TL	Backpulver
½ TL	Zimt

Margarine, Zucker und Eier schaumig rühren. Restliche Zutaten unterrühren.

500 g	Kirschen
100 g	Schokoladenraspel

Unter den Teig heben. In eine mit Backpapier ausgelegte Springform geben.

Bei 160° C 60 Minuten backen.

Kürbiskuchen

2   Tassen Zucker
4   Eier
2 TL   Zimt
1 TL   Natron
1 TL   Backpulver
1   Tasse Öl
1   Tasse pürierten Kürbis
2   Tassen Weizen-
       vollkornmehl
1   Tasse gem. Mandeln

Rührteig herstellen, auf ein mit Backpapier belegtes Blech streichen.

Bei 180° C 20 Minuten backen.

Noch warm mit Guß überziehen.

Guß:

200 g   Frischkäse
         (z.B. Philadelphia)
4 TL   Vitasieg Pflanzen-
        Margarine
2 TL   Puddingpulver Vanille
2   Tassen Puderzucker
2 EL   Milch

Verrühren, auf dem Teig verteilen.

Linzer Vollkorntorte

140 g	Vitasieg Pflanzen-Margarine
130 g	Zucker
2	Eier
200 g	Weizenvollkornmehl
130 g	gem. Nüsse
100 g	feine Haferflocken
1 Tüte	Vanillezucker
1 TL	Zimt
½ TL	gem. Nelken

Alle Zutaten zu einem Teig verkneten, 2/3 des Teiges auf den Boden einer mit Backpapier ausgelegten Springform geben.

200 g Johannisbeerkonfitüre

Konfitüre auf den Tortenboden streichen, aus dem Teigrest Streifen formen und den Kuchen gitterförmig damit belegen.

1 Eigelb

Verrühren und die Gitterstreifen damit bepinseln.

Bei 190° C 40 Minuten backen.

96

Mandarinentörtchen

3	Eier	*Trennen, Eiweiß zu steifem Schnee schlagen und beiseite stellen.*

150 g	Vitasieg Pflanzen-Margarine	
130 g	Zucker	*Eigelb, Margarine und Zucker schaumig rühren,*
150 g	Weizenvollkornmehl	*restliche Zutaten unterkneten,*
50 g	feine Haferflocken	*zum Schluß den Eischnee*
80 g	gem. Mandeln	*unterheben.*
2 TL	Backpulver	*Den Teig auf diePapierförmchen*
1	Dose Dunst-Mandarinen	*verteilen und mit den Mandarinen belegen.*
14	Papierbackförmchen	

Bei 180°C 20 Minuten backen.

100 g	Aprikosenkonfitüre	*Verrühren und erwärmen und die noch warmen Törtchen damit*
2 EL	Wasser	*bestreichen.*

Marzipantörtchen

100 g	Vitasieg Pflanzen-Margarine
100 g	Zucker
2	Eier
100 g	Marzipan
1 EL	Wasser
30 g	Puddingpulver Vanille
80 g	feine Haferflocken
30 g	Weizenvollkornmehl
1 TL	Backpulver
12	Papierbackförmchen

*Rührteig herstellen,
Teig auf 12 Papierförmchen
verteilen und auf
ein Backblech setzen.*

12	abgezogene Mandeln

*Jedes Törtchen mit einer
ganzen Mandel verzieren.*

Bei 180° C 30 Minuten backen.

Mohn-Grieß-Kuchen

300 g	Vitasieg Pflanzen-Margarine	
150 g	Zucker	*Alle Zutaten zu einem*
1	Ei	*glatten Teig verkneten.*
400 g	Weizenmehl Type 1050	
50 g	Weizenvollkornmehl	

1 l	Milch	*Milch mit Vanillemark*
125 g	Grieß	*und Zucker aufkochen,*
2 EL	Zucker	*Grieß einrieseln lassen,*
1 TL	Vanillezucker	*aufkochen und*
Mark von 2 Vanilleschoten		*ausquellen lassen.*

4	Eier	*Trennen,*
		Eiweiß zu Schnee schlagen.

4	Eigelb	*Eigelb und Mohn-Back*
500 g	Mohn-Back (2 Packungen backfertige Mischung à 250 g)	*unter den Grieß rühren, dann Eischnee unterheben.*

¾ des Teiges ausrollen und auf ein mit Backpapier belegtes Blech gleichmäßig verteilen. Mohnmasse darauf streichen. Den restlichen Teig ausrollen und mit dem Teigroller 2 cm breite Streifen ausradeln. Die Teigstreifen gitterförmig auf den Kuchen verteilen. Im vorgeheizten Backofen bei 180° C 45 Minuten backen.

2 EL	Aprikosenkonfitüre

Die Konfitüre erwärmen und die Teigstreifen damit bepinseln.

Mohnkuchen

150 g	Vitasieg Pflanzen-Margarine
80 g	Honig
3	Eier
250 g	Weizenvollkornmehl
3 TL	Backpulver
100 *ml*	Milch
50 g	Rosinen
20 g	Kokosflocken
50 g	geh. Nüsse
250 g	Mohn-Back (1 Packung backfertige Mischung à 250 g)

Rührteig herstellen, die Hälfte des Teiges in eine mit Backpapier ausgelegte Kastenform geben, die Mohnmasse darauf verteilen und mit dem restlichen Teig bedecken.
Mit einer Gabel spiralförmig durch den Teig ziehen.

Bei 180° C 60 Minuten backen.

Möhrentorte

180 g	Vitasieg Pflanzen-Margarine	
180 g	Honig	*Zu Teig verrühren.*
4	Eigelb	
150 g	gem. Nüsse	

380 g	Möhren	*Fein raspeln und unterheben.*

250 g	Weizenvollkornmehl	
1 Tüte	Backpulver	*Unterheben.*
100 *ml*	Orangensaft	

4	Eiweiß	*Zu Eischnee schlagen und unter den Teig heben. In eine mit Backpapier ausgelegte Springform füllen.*

Bei 175° C 60 Minuten backen.

Mokka-Napfkuchen

200 g	Vitasieg Pflanzen-Margarine
200 g	Zucker
4	Eier
500 g	Weizenvollkornmehl
1 Tüte	Backpulver
125 ml	Milch
150 g	Rosinen
200 g	Marzipanrohmasse
100 g	Schokoladen-mokkabohnen

Margarine, Zucker und Eier schaumig rühren, nach und nach das mit dem Backpulver vermischte Mehl und die Milch unterrühren.
Rosinen, Mokkabohnen und feingewürfeltes Marzipan unter den Teig heben und in eine mit Backpapier ausgelegte Napfkuchenform geben.

Bei 200° C 60 Minuten backen.

Nuß-Quark-Rehrücken

4	Eiweiß	} *Zu steifem Schnee schlagen,*
60 g	Zucker	*kühl stellen.*

100 g	Vitasieg Pflanzen-Margarine	
60 g	Zucker	
4	Eigelb	*Rührteig herstellen.*
80 g	Quark	
80 g	Weizenvollkornmehl	
100 g	gem. Nüsse	

50 g	Schokoladenraspel

Zusammen mit dem Eischnee vorsichtig unter den Rührteig heben.
Den Teig in eine mit Backpapier ausgelegte Rehrückenform geben.

Bei 175° C 60 Minuten backen.

Nußkuchen

180 g	Vitasieg Pflanzen-Margarine
150 g	Zucker
3	Eier
130 g	feine Haferflocken
100 g	Weizenvollkornmehl
2 TL	Backpulver
3 EL	Milch
200 g	gem. Nüsse
100 g	geriebene Schokolade

*Rührteig herstellen,
in eine mit Backpapier
ausgelegte Kastenform geben.*

Bei 180° C 60 Minuten backen.

Fruchtiger Quarkkuchen

Teig:

200 g	Vitasieg Pflanzen-Margarine	
100 g	Zucker	
1	Ei	
300 g	Weizenvollkornmehl	

Zu einem glatten Teig verkneten, ausrollen und auf ein mit Backpapier belegtes Blech legen.

10 Minuten bei 180° C vorbacken.

Quarkmasse:

50 g	Vitasieg Pflanzen-Margarine
150 g	Zucker
3	Eier
1 kg	Magerquark
Saft von 2 Zitronen	
40 g	Puddingpulver Vanille

Schaumig rühren, auf den Teig verteilen.

Belag:

1	Dose Kirschen
1	Dose Aprikosen

Gut abtropfen lassen, auf die Quarkmasse verteilen.

Bei 180° C weitere 40 Minuten backen.

Quarkkuchen mit Kokos

Teig:

200 g	Vitasieg Pflanzen-Margarine
100 g	Zucker
1	Ei
375 g	Weizenvollkornmehl
1 TL	Backpulver

Verkneten, ausrollen und auf ein mit Backpapier belegtes Blech geben.

Boden:

50 g	Vitasieg Pflanzen-Margarine
3	Eier
1250 g	Magerquark
80 g	Puddingpulver Vanille
120 g	Zucker
Saft von 2 Zitronen	

Verrühren, auf den Teigboden streichen, Bei 170° C 45 Minuten backen.

Auskühlen lassen.

Guß:

100 g	Aprikosenkonfitüre
100 g	Kokos-Chips

Konfitüre mit 2 EL Wasser aufkochen, auf den Kuchen streichen. Mit Kokos-Chips bestreuen.

Quarktörtchen mit Pfirsichen

125 g	Vitasieg Pflanzen-Margarine
100 g	Zucker
1	Ei
250 g	Weizenvollkornmehl
1 TL	Backpulver
Saft einer halben Zitrone	

Zu einem glatten Teig verkneten. 10 Törtchenformen mit Backpapier auslegen und den Teig hineindrücken. Den Rand recht hoch ziehen, damit die Quarkmasse auch hineinpaßt.

75 g	Vitasieg Pflanzen-Margarine
100 g	Honig
Saft einer halben Zitrone	
2	Eier
500 g	Magerquark
40 g	Puddingpulver Vanille

Schaumig rühren. Quarkcreme in die Törtchenformen geben.

250 g	Pfirsichwürfel

Pfirsichwürfel auf den Quark verteilen.

Bei 170° C 45 Minuten backen.

Quarktorte mit Mandarinen

100 g	Vitasieg Pflanzen-Margarine
50 g	Zucker
1	Ei
100 g	Weizenvollkornmehl
6 EL	feine Haferflocken

Zu einem Mürbeteig verkneten, eine mit Backpapier ausgelegte Tortenform damit belegen.

Bei 180° C 25 Minuten backen.

Quark-Creme:

12	Blatt Gelatine
350 g	Mandarinen
200 ml	Orangensaft (ohne Zucker)
120 g	Zucker
500 g	Magerquark
200 ml	Schlagsahne
2	Eier
Saft einer Zitrone	

Die Gelatine in kaltem Wasser einweichen. Eier, Zucker, Quark und Zitronensaft cremig rühren, die Gelatine mit dem Orangensaft erhitzen, bis sie sich aufgelöst hat und unter die Quarkcreme rühren.
Die steifgeschlagen Sahne und die Mandarinen unter die Quarkcreme heben.
Creme auf den Tortenboden in der Springform füllen und im Kühlschank fest werden lassen.

Rehrücken

120 g	Vitasieg Pflanzen-Margarine
100 g	Zucker
3	Eier
30 g	Weizenvollkornmehl
50 g	feine Haferflocken
100 g	gem. Mandeln
100 g	Schokostreusel
etwas	Milch

Eier trennen,
Eiweiß mit etwas Zucker
zu steifem Schnee schlagen.
Aus den restlichen Zutaten
einen Rührteig herstellen,
Eischnee unterheben,
in die mit Backpapier ausgelegte
Rehrückenform geben.
Bei 180° C 45 Minuten backen.

100 g	Schokoladenkuvertüre

Im Wasserbad schmelzen und
den gestürzten Kuchen
damit bepinseln.

109

Russischer Zipfelkuchen

200 g	Vitasieg Pflanzen-Margarine
150 g	Zucker
1	Ei
400 g	Weizenvollkornmehl
1½	Tüten Backpulver
30 g	Kakao
200 ml	Milch

Rührteig herstellen.
¾ des Teiges mit einem Löffel in eine mit Backpapier ausgelegte Springform geben.

100 g	Vitasieg Pflanzen-Margarine
100 g	Zucker
3	Eier
500 g	Magerquark
1	Tüte Vanillezucker
40g	Puddingpulver Vanille

Verrühren,
auf den Teigboden geben.
Den restlichen Teig darauf zerbröckeln.

Bei 180° C
50 bis 60 Minuten backen.

Saftiger Käsekuchen

300 g	Vitasieg Pflanzen-Margarine
240 g	Zucker
4	Eier
600 g	Weizenvollkornmehl
2	Tüten Backpulver
125 *ml*	Milch

Rührteig herstellen, die Hälfte des Teiges auf ein mit Backpapier ausgelegtes Blech streichen.

300 g	Vitasieg Pflanzen-Margarine
100 g	Zucker
4	Eier
1 kg	Magerquark
80 g	Puddingpulver Vanille
Saft von zwei Zitronen	

Verrühren und auf den Teig geben. Die zweite Hälfte des Teiges mit Hilfe von zwei Eßlöffeln darauf verteilen.

Bei 170° C 60 Minuten backen.

Schnecken

Teig:

250 g	Magerquark
150 *ml*	Milch
500 g	Weizenvollkornmehl
6 TL	Backpulver
80 g	Zucker
100 g	Marzipan
8 EL	Vitaquell
	Sonnenblumen-Öl

Alle Zutaten zu einem glatten Teig verkneten, anschließend dünn ausrollen.

Füllung:

80 g	Vitasieg Pflanzen-Margarine
80 g	geh. Mandeln
100 g	Rosinen
1	Apfel

Margarine leicht erwärmen, mit den übrigen Zutaten vermischen und auf dem ausgerollten Teig verteilen. Den Teig aufrollen und in 2 cm breite Scheiben abschneiden. Die Schnecken auf ein mit Backpapier belegtes Blech legen.

Bei 180° C 25 Minuten backen.

Guß:

150 g	Puderzucker
Saft von 1 Zitrone	

Verrühren, die abgekühlten Schnecken damit bestreichen.

Tante Bettys Kirschtorte

Tortenboden:

100 g	Vitasieg Pflanzen-Margarine
120 g	Zucker
2	Eier
50 g	Weizenvollkornmehl
100 g	Weizenmehl Type 1050
2 TL	Backpulver

Rührteig herstellen, in eine mit Backpapier ausgelegte Springform füllen.

Bei 180° C 25 Minuten vorbacken.

1 Dose   Sauerkirschen

Abtropfen lassen, auf dem vorgebackenen Tortenboden verteilen.

Guß:

100 g	Zucker
3	Eigelb
1 TL	Zimt
30 g	gem. Mandeln
1 EL	Kokosflocken
125 *ml*	saure Sahne

Schaumig rühren.

3   Eiweiß

Zu steifem Schnee schlagen und unterheben. Die Masse über die Kirschen gießen und die Torte nochmals bei 180° C 30 Minuten backen (bis die Eimasse gestockt und gut gebräunt ist).

Tante Käthes Quarkkuchen

140 g	Vitasieg Pflanzen-Margarine	
140 g	Zucker	*Rührteig herstellen, auf ein mit Backpapier belegtes Backblech streichen.*
2	Eier	
1 Tüte	Vanillezucker	
300 g	Weizenvollkornmehl	
2 TL	Backpulver	
etwas	Milch	

1 kg	Magerquark	
1 Tasse	Vitaquell Sonnenblumen-Öl	*Miteinander verrühren, dann auf den Rührteig gießen. Bei 180° C 30 Minuten backen.*
120 g	Puddingpulver Vanille	
150 g	Zucker	
Saft von 1 Zitrone		
4	Eigelb	
500 *ml*	Milch	

4	Eiweiß	*Zu Eischnee schlagen, auf den fertigen Kuchen streichen und nochmals 10 Minuten backen.*
50 g	Zucker	

Tränchen-Kuchen

60 g	Vitasieg Pflanzen-Margarine	
80 g	Zucker	*Zu einem Teig verkneten. Ausrollen und in eine mit Backpapier ausgelegte Springform geben, Rand hochziehen.*
1	Ei	
200 g	Weizenvollkornmehl	
1 TL	Backpulver	

500 g	Magerquark	
150 g	Zucker	
3	Eigelb	*Verrühren. Die dünnflüssige Masse in die Springform geben. Bei 180° C 60 Minuten backen.*
200 ml	süße Sahne	
1 Tüte	Vanillezucker	
40 g	Puddingpulver Vanille	
Saft einer halben Zitronen		
400 ml	Milch	

4	Eiweiß	*Eiweiß steifschlagen, Zucker langsam einrieseln lassen; 10 Minuten vor Ende der Backzeit den Eischnee auf dem Kuchen verteilen.*
75 g	Zucker	

Zucchini-Kuchen

3	Eier	
200 g	Zucker	*Schaumig rühren.*
1 Tüte	Vanillezucker	

125 *ml*	Vitaquell Sonnenblumen-Öl	
½ TL	Zimt	
1 TL	Backpulver	*Dazugeben, gut unterrühren.*
2 TL	Natron	
300 g	Weizenvollkornmehl	

200 g	gem. Nüsse	*Unterrühren.*

3	kleine Zucchini, ungeschält	*Waschen, Endstücke abschneiden, grob raspeln und unter den Teig heben.* *Den Teig in eine mit Backpapier ausgelegte Kastenform geben.* *Bei 180° C 45–50 Minuten backen.*

Kekse

Aniskringel

250 g	Vitasieg Pflanzen-Margarine
250 g	Zucker
2	Eier
300 g	Weizenvollkornmehl
200 g	Weizenmehl Type 1050
100 g	gem. Nüsse
2 EL	gem. Anis
etwas	Milch

Rührteig herstellen,
in einen Spritzbeutel
mit mittlerer Sterntülle füllen,
auf ein mit Backpapier
ausgelegtes Blech
kleine Teigringe spritzen.

Bei 180° C 12 Minuten backen.

Buchweizen-Kekse

180 g	Vitasieg Pflanzen-Margarine
100 g	Zucker
130 g	Buchweizenmehl
150 g	Weizenvollkornmehl
3 EL	Konfitüre

Knetteig herstellen, aus dem Teig walnußgroße Kugeln formen, mit einem Löffelstiel in die Mitte eine Vertiefung drücken und mit Konfitüre füllen.

Bei 180° C 20 Minuten backen.

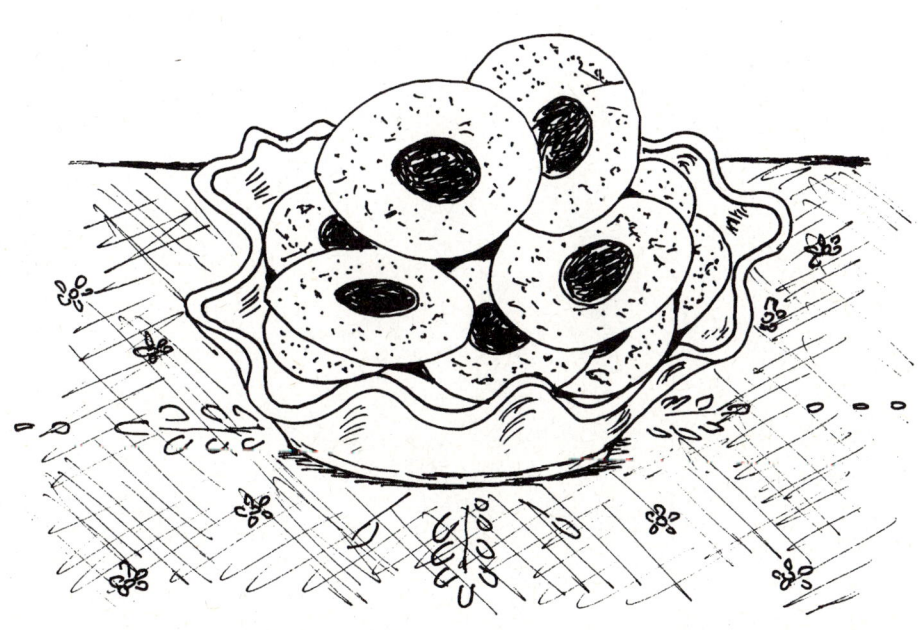

Cashew-Busserl

50 g	Vitasieg Pflanzen-Margarine
200 g	Honig
4	Eigelb
200 g	Cashewkerne
200 g	Früchtemüsli
1 EL	Zitronensaft
2 EL	Weizenvollkornmehl
4	geschlagene Eiweiß

Margarine und Honig schaumig rühren, nach und nach die Eigelbe dazugeben, Müsli, Nüsse, Mehl, Zitronensaft unterheben, zum Schluß steifgeschlagenes Eiweiß unterziehen.
Mit zwei Teelöffeln kleine Plätzchen auf ein mit Backpapier ausgelegtes Backblech setzen.

Bei 175° C
ca. 15 Minuten backen.

Cornflakes-Kekse

250 g	Vitasieg Pflanzen-Margarine
180 g	Zucker
2	Eier
350 g	Weizenmehl Type 1050
2 TL	Backpulver

Rührteig herstellen.

200 g	Cornflakes
100 g	Schokoladenraspel
100 g	Rosinen

Unter den Teig heben.
Mit zwei Teelöffeln kleine Häufchen auf ein mit Backpapier belegtes Blech setzen.

Bei 180° C 20 Minuten backen.

Dinkel-Nuß-Plätzchen

150 g	Vitasieg Pflanzen-Margarine
80 g	Honig
1	Eigelb
½ TL	Zimt
250 g	Dinkelmehl
Mark einer halben Vanilleschote	
120 g	gem. Nüsse
1	Eigelb zum Bestreichen

Alle Zutaten zu einem Teig verkneten. Den Teig dünn ausrollen und Plätzchen in unterschiedlichen Formen ausstechen. Auf ein mit Backpapier belegtes Blech setzen, mit Eigelb bestreichen.

Bei 180° C 10 Minuten backen.

Flakesmakronen

250 g	Vitasieg Pflanzen-Margarine
200 g	Zucker
3	Eier
300 g	grobe Haferflocken
50 g	Weizenvollkornmehl
1 TL	Backpulver
200 g	Weizenflakes

Margarine, Zucker und Eier schaumig rühren, Mehl, Haferflocken und Backpulver dazugeben. Haferflakes unterheben. Mit zwei Teelöffeln kleine Häufchen auf ein mit Backpapier belegtes Blech setzen.

Bei 180° C 12 Minuten backen.

Gewürzplätzchen

250 g	Vitasieg Pflanzen-Margarine
150 g	Zucker
120 g	Honig
2	Eier
50 g	Kakao
350 g	Weizenmehl Type 1050
150 g	Haferflocken
2 TL	Backpulver
½ TL	Muskat
1 TL	gem. Nelken
1 EL	Zimt

*Knetteig herstellen,
kleine Plätzchen formen,
auf ein mit Backpapier
ausgelegtes Blech legen.*

Bei 180° C 10 Minuten backen.

Haferflakes-Kekse

250 g	Vitasieg Pflanzen-Margarine
160 g	Zucker
2	Eier

Schaumig rühren.

180 g	feine Haferflocken
1 TL	Backpulver
1 EL	Weizenvollkornmehl

Unterrühren.

150 g	gem. Nüsse
125 g	Weizenflakes
125 g	Rosinen

Unterheben.

Mit zwei Teelöffeln kleine Häufchen auf ein mit Backpapier belegtes Backblech setzen.

Bei 180° C 15 Minuten backen.

Husaren-Plätzchen

160 g	Vitasieg Pflanzen-Margarine	*Margarine, Honig und Eigelb verrühren.*
100 g	Honig	
2	Eigelb	*Das Mehl unterkneten.*
250 g	Weizenvollkornmehl	

Zum Verzieren:

2	Eiweiß	*Aus dem Teig walnußgroße Kugeln formen, mit Eiweiß bestreichen und in den Nüssen wälzen.*
100 g	gehackte Haselnüsse	*In die Mitte eine Vertiefung drücken (z.B. mit einem Löffelstiel) und mit Konfitüre füllen.*
3 EL	Konfitüre	

Bei 180° C 20 Minuten backen.

Ingwer-Knusperle

120 g	Vitasieg Pflanzen-Margarine	
1	Tasse Zucker	
2	Tüten Vanillezucker	
1	Ei	*Margarine, Zucker und Ei schaumig rühren, nach und nach die anderen Zutaten dazugeben.*
$\frac{1}{4}$	TL Ingwerpulver	
$\frac{1}{2}$	Tasse Mehl Type 1700	
1	Tasse Mehl Type 1050	
1	TL Backpulver	
1	Tasse feine Haferflocken	*Kleine Kugeln auf ein mit Backpapier belegtes Blech setzen.*
1	Tasse Weizenflakes	
$\frac{1}{2}$	Tasse Kokosflocken	
80 g	kandierter, kleingeschnittener Ingwer	*Bei 180° C 12 Minuten backen.*

Kernige Kokosmakronen

2 Eiweiß
120 g Zucker
100 g Kokosflocken
 50 g grobe Haferflocken

*Eiweiß steif schlagen,
nach und nach Zucker zugeben,
weiterschlagen bis sich die
Zuckerkristalle aufgelöst haben.
Kokosflocken und Haferflocken
unterheben.
Mit zwei Teelöffeln kleine Häufchen auf ein mit Backpapier
belegtes Blech setzen.*

Bei 160° C 25 Minuten backen.

Kokoskugeln

100 g	Vitasieg Pflanzen-Margarine
150 g	Honig
2	Eier
Saft einer Zitrone	
1 TL	Backpulver
200 g	Kokosflocken
80 g	Weizenvollkormehl
50 g	gem. Mandeln

Margarine und Honig schaumig rühren, die Eier unterrühren, restliche Zutaten unterkneten. Mit zwei Teelöffeln kleine Kugeln abstechen und auf ein mit Backpapier belegtes Blech setzen.

Bei 180° C 15 Minuten backen.

Müsli-Kekse

150 g	Vitasieg Pflanzen-Margarine
200 g	Zucker
1	Ei
100 g	Weizenvollkornmehl
30 g	feine Haferflocken
2 TL	Backpulver
150 g	Nuß-Müsli
80 g	Trockenfrüchte (Aprikosen)

Margarine, Zucker und Eier schaumig rühren, die Trockenfrüchte würfeln und mit den anderen Zutaten unterkneten.
Mit zwei Teelöffeln kleine Häufchen auf ein mit Backpapier belegtes Backblech setzen.

Bei 180° C ca. 15 Minuten backen.

Schoko-Nuß-Kekse

150 g	Vitasieg Pflanzen-Margarine
150 g	Zucker
1	Ei
100 g	Weizenvollkornmehl
120 g	feine Haferflocken
1 TL	Backpulver
100 g	geh. Nüsse
4 TL	Kakao
1 TL	Instant-Kaffee

Margarine, Zucker und Eier schaumig rühren, die anderen Zutaten unterkneten. Kirschgroße Kugeln formen, etwas flach drücken und auf ein mit Backpapier belegtes Backblech setzen.

Bei 175° C ca. 15 Minuten backen.

Sesam-Häufchen

125 g	Vitasieg Pflanzen-Margarine
125 g	Honig
2	Eier
150 g	Haferflocken
150 g	Weizenvollkornmehl
3 EL	Milch
100 g	Rosinen
100 g	Sesamkörner
1 Prise	Muskatnuß

Margarine, Honig und Eier schaumig rühren, Mehl und Milch unterrühren, Rosinen und Sesam unterheben. Mit zwei Teelöffeln kleine Häufchen auf ein mit Backpapier ausgelegtes Blech setzen.

Bei 180° C 15 Minuten backen.

Sesam-Plätzchen

130 g	Vitasieg Pflanzen-Margarine
100 g	Zucker
1	Ei
120 g	Weizenvollkornmehl
130 g	feine Haferflocken
1 TL	Backpulver
50 g	gem. Nüsse
50 g	Sesamkörner

Knetteig herstellen, mit den Händen kleine flache Plätzchen formen, auf ein mit Backpapier belegtes Backblech geben.

Bei 180° C 15 Minuten backen.

Sonnenblumenkern-Kekse

180 g	Zucker	
2	Eier	*Zutaten schaumig rühren.*
6	Tropfen Bittermandelöl	

300 g	Weizenvollkornmehl	*Dazugeben und gut durchkneten.*
¹/₂ TL	Backpulver	*Aus dem Teig kirschgroße Kugeln*
80 g	feine Haferflocken	*formen, etwas flachdrücken.*

100 g	Sonnenblumenkerne	*In den Sonnenblumenkernen wälzen, die Kerne gut andrücken und auf ein mit Backpapier belegtes Backblech legen.*

Bei 180° C 20 Minuten backen.

Uwes Kekse

160 g	Vitasieg Pflanzen-Margarine
100 g	Zucker
2	Eier
80 g	Weizenvollkornmehl
60 g	feine Haferflocken
2 TL	Backpulver
125 g	Müsli
50 g	gestiftelte Mandeln
50 g	Schokostreusel

Margarine, Zucker und Eier schaumig rühren, die übrigen Zutaten unterkneten. Mit zwei Teelöffeln kleine Häufchen auf ein mit Backpapier begelegtes Backblech setzen.

Bei 180° C ca. 15 Minuten backen.

Vanille-Kipferl

100 g	Vitasieg Pflanzen-Margarine
130 g	Zucker
1	Eigelb
50 g	Magerquark
80 g	Weizenvollkornmehl
120 g	gem. Mandeln
Mark einer halben Vanilleschote	

Margarine und Zucker schaumig rühren. Eigelb und Quark unterrühren. Restliche Zutaten unterkneten. Mit den Händen kleine Hörnchen formen und auf ein mit Backpapier belegtes Blech legen.

Bei 180° C 15 Minuten backen.

Zimt-Plätzchen

250 g	Vitasieg Pflanzen-Margarine
180 g	Zucker
1	Ei
150 g	Weizenvollkornmehl
50 g	gem. Nüsse
3 TL	Zimt
250 g	feine Haferflocken

Zu einem Teig verkneten, nicht zu dünn ausrollen, Figuren ausstechen und auf ein mit Backpapier belegtes Backblech legen.

Bei 190° C 10 Minuten backen.

150 g	Puderzucker
Saft einer halben Zitrone	

Zitronensaft und Puderzucker verrühren und die kalten Zimtplätzchen damit bestreichen.

Waffeln

Apfelwaffeln

200 g	Vitasieg Pflanzen-Margarine
100 g	Zucker
4	Eier
250 g	Weizenvollkornmehl
100 g	gem. Mandeln
1 TL	Backpulver
125 ml	Mineralwasser
½ TL	Zimt
½ TL	Anis
2	feingeschnittene Äpfel
Saft einer halben Zitrone	

Margarine, Zucker und Eier verrühren, nach und nach die restlichen Zutaten hinzugeben. 2 Eßlöffel Teig in das vorgeheizte Waffeleisen geben und auf kleiner Stufe 3 bis 4 Minuten backen.

Buchweizenwaffeln

50 g	Vitasieg Pflanzen-Margarine
100 g	Zucker
3	Eier
2 EL	Honig
200 g	Buchweizenmehl
150 g	Weizenvollkornmehl
1 TL	Backpulver
250 *ml*	Buttermilch

Rührteig herstellen,
etwa 2 Eßlöffel Teig in das
vorgeheizte Waffeleisen geben
und auf kleiner Stufe
3 bis 4 Minuten backen.

Haferflocken-Waffeln

200 g	Vitasieg Pflanzen-Margarine
100 g	Zucker
4	Eier
100 g	Weizenmehl Type 1050
100 g	feine Haferflocken
½ TL	Backpulver
125 *ml*	Milch

Margarine, Zucker und
Eier schaumig rühren,
nach und nach die restlichen
Zutaten unterrühren.
Etwa 2 Eßlöffel Teig in das
vorgeheizte Waffeleisen geben
und auf kleiner Stufe
3 bis 4 Minuten backen.

Joghurtwaffeln

125 g	Vitasieg Pflanzen-Margarine	
100 g	Zucker	*Schaumig rühren.*
1 Tüte	Vanillezucker	
3	Eier	

Unterrühren.

		Etwa 2 Eßlöffel Teig in das
250 g	Weizenvollkornmehl	*vorgeheizte Waffeleisen geben*
250 g	Magerjoghurt	*und auf kleiner Stufe*
½ TL	Backpulver	*3 bis 4 Minuten backen.*

Kokoswaffeln

100 g Vitasieg Pflanzen-
        Margarine
100 g Honig
4   Eier
200 g Weizenvollkornmehl
100 g Kokosflocken
280 ml Mineralwasser
Saft einer Zitrone

Rührteig herstellen.
2 Eßlöffel Teig in das
vorgeheizte Waffeleisen geben
und auf kleiner Stufe
3 bis 4 Minuten backen.

Nußwaffeln

200 g	Vitasieg Pflanzen-Margarine
50 g	Zucker
4	Eier
4 EL	Honig
170 g	Weizenvollkornmehl
1 TL	Backpulver
130 g	gem. Nüsse

Rührteig herstellen.
Etwa 2 Eßlöffel Teig in das
vorgeheizte Waffeleisen geben
und auf kleiner Stufe
3 bis 4 Minuten backen.
Sollte der Teig etwas zu fest sein,
Milch oder Wasser unterrühren.

Quarkwaffeln

130 g	Vitasieg Pflanzen-Margarine	
50 g	Zucker	
1 Tüte	Vanillezucker	
4	Eier	Rührteig herstellen.
125 g	Magerquark	
150 g	Weizenvollkornmehl	
3 TL	Backpulver	
Saft einer halben Zitrone		

1	Birne	Schälen, fein raspeln und unter den Teig heben.

Etwa 2 Eßlöffel Teig in das vorgeheizte Waffeleisen geben, auf kleiner Stufe 3 bis 4 Minuten backen.

Zimtwaffeln mit Sesam

100 g	Vitasieg Pflanzen-Margarine	
100 g	Zucker	*Rührteig herstellen.*
3	Eier	*Etwa 2 Eßlöffel Teig in das*
250 g	Weizenvollkornmehl	*vorgeheizte Waffeleisen geben*
½ TL	Backpulver	*und auf kleiner Stufe*
50 g	Sesamkörner	*3 bis 4 Minuten backen.*
1 TL	Zimt	
250 ml	Milch	

Festliches
Gebäck

Christstollen

180 g	Vitasieg Planzen-Margarine
175 g	Zucker
2	Eier
375 g	Weizenmehl Type 1050
125 g	feine Haferflocken
1 Tüte	Backpulver
6	Tropfen Bittermandelöl
1 TL	Kardamom
1 TL	Muskat
250 g	Magerquark
120 g	Rosinen
150 g	gem. Mandeln
100 g	Sukkade

Margarine, Zucker und Eier verrühren, restliche Zutaten unterkneten, bis ein glatter Teig entstanden ist.
Zu einem Stollen formen, auf ein mit Backpapier belegtes Blech legen.

Bei 170° C 50 Minuten backen.

Früchte-Lebkuchen

50 g	Vitasieg Pflanzen-Margarine
50 g	Honig
3	Eier
150 g	Zucker
1 TL	Hirschhornsalz
½ TL	Pottasche
1½	Tassen kalten Kaffee
200 g	Weizenmehl Type 1050
2½ TL	Lebkuchengewürz
50 g	geh. Nüsse
50 g	gem. Nüsse
200 g	Haferflocken

Margarine, Eier, Zucker und Honig schaumig rühren. Hirschhornsalz und Pottasche jeweils getrennt in kaltem Kaffee auflösen. Alle Zutaten zügig miteinander verrühren.

100 g	Datteln
100 g	Feigen

Die feingewürfelten Datteln und Feigen unterheben. Den Teig auf ein mit Backpapier belegtes Blech streichen.

Bei 180° C 30 Minuten backen.

Guß:

150 g	Puderzucker
2 EL	Zitronensaft
2 EL	Wasser

Miteinander verrühren, den noch heißen Kuchen mit Zuckerguß überziehen.

Gewürztorte

2	Tassen Weizenvoll-kornmehl
2	Tassen Zucker
1½	Tassen Vitaquell Sonnenblumen-Öl
2	Tassen geriebene Äpfel
4	Eier
1½	Tassen feine Haferflocken
1 TL	Backpulver
1 TL	Natron
1 TL	Zimt
1 TL	gem. Nelken
80 g	gem. Mandeln

Eier, Öl und Zucker verrühren. Mehl, Haferflocken, Backpulver und Gewürze unterrühren. Mandeln hinzugeben. Dann die geriebenen Äpfel unterheben. Den Teig in eine mit Backpapier ausgelegte Springform füllen.

Bei 170° C 50 Minuten backen.

Holsteiner Pfeffernüsse

250 g	Vitasieg Pflanzen-Margarine	} Erhitzen, auskühlen lassen.
250 g	feine Haferflocken	

250 g   Vitasieg Pflanzen-
         Margarine
250 g   feine Haferflocken   } *Erhitzen, auskühlen lassen.*

250 g   Zucker
2   Eier   } *Schaumig rühren.*

350 g   Weizenmehl Type 1050
125 g   gem. Mandeln
3 TL   Kardamom   } *Mehl unterrühren, restliche*
Saft von 1 Zitrone   *Zutaten miteinander verkneten.*

1½ TL Hirschhornsalz
1½ TL Pottasche   } *Einzeln in etwas Wasser auflösen*
                                        und unter den Teig kneten.

Kleine Kügelchen formen,
etwas flach drücken, auf ein mit
Backpapier belegtes Blech legen.

Bei 180° C 12 Minuten backen.

200 g   Puderzucker   *Puderzucker mit*
                                      2 bis 3 EL Wasser verrühren,
                                      die Plätzchen damit betreichen
                                      und trocknen lassen.

Honiglebkuchen

200 g	Vitasieg Pflanzen-Margarine
375 g	Honig
2	Eier
½ TL	Kardamom
½ TL	Nelken
3 TL	Zimt
1 Tüte	Backpulver
2 EL	Zucker
100 *ml*	Wasser
3 EL	Milch
500 g	Weizenvollkornmehl
30 g	Kakao
100 g	geh. Nüsse
100 g	Rosinen
100 g	geh. Aprikosen

Honig, Margarine, Eier, Zucker und Gewürze verrühren, Mehl und Backpulver unterrühren.
Gehackte Nüsse, Rosinen und Aprikosen zum Schluß unterheben.
Den Teig auf ein mit Backpapier ausgelegtes Blech streichen.

Bei 180° C 30 Minuten backen.

Noch warm, die weichen Lebkuchen in Quadrate schneiden.

Osterhasen

200 g	Vitasieg Pflanzen-Margarine
150 g	Zucker
1	Ei
200 g	Weizenvollkornmehl
100 g	feine Haferflocken
½ TL	Backpulver
1 Tüte	Vanillezucker
Saft einer Zitrone	

Alle Zutaten zu einem glatten Teig verkneten, etwa 30 Minuten im Kühlschrank ruhen lassen; dann auf einer bemehlten Arbeitsplatte etwa einen halben Zentimeter dick ausrollen und Hasenfiguren ausstechen. Auf ein mit Backpapier belegtes Blech legen.

Bei 180° C 15 Minuten backen.

Guß:

200 g	Puderzucker
Saft einer Zitrone	
einige	Rosinen

Verrühren, die erkalteten Hasen damit bepinseln, für die Augen Rosinen verwenden.

Frohe Ostern

Rezeptverzeichnis